# 股权激励与股权架构设计

任康磊◎著

人民邮电出版社

北 京

**图书在版编目（CIP）数据**

股权激励与股权架构设计 / 任康磊著. -- 北京：
人民邮电出版社，2022.5
ISBN 978-7-115-58756-5

Ⅰ. ①股… Ⅱ. ①任… Ⅲ. ①股权激励－研究②股权
管理－研究 Ⅳ. ①F272.923②F271.2

中国版本图书馆CIP数据核字(2022)第035966号

## 内 容 提 要

本书内容涵盖股权激励与股权架构设计的各个模块，以实际场景和应对策略为背景，介绍股权激励与股权架构设计实施的原理、用到的工具、常见的问题和应用的方法等。

全书分为6章，主要内容包括股权激励概述，股权架构设计，股权激励的4种形式和实施案例，股权激励考核，4种股权激励方案的实战案例和设计股权激励方案时用到的文件模板。

本书内容通俗易懂、贴近实战，工具和方法丰富，适合企业主、投资人、管理咨询师、上市筹备人员、人力资源各级从业人员、会计与财税人员、管理类相关专业在校生、对股权激励与股权架构设计感兴趣的人员阅读和使用。

◆ 著　　　　任康磊
责任编辑　刘　资
责任印制　周昇亮

◆ 人民邮电出版社出版发行　　北京市丰台区成寿寺路 11 号
邮编　100164　电子邮件　315@ptpress.com.cn
网址　https://www.ptpress.com.cn
北京天宇星印刷厂印刷

◆ 开本：700×1000　1/16
印张：16.5　　　　　　　　2022 年 5 月第 1 版
字数：251 千字　　　　　　2025 年 7 月北京第 13 次印刷

定价：79.80 元

读者服务热线：(010)81055296　印装质量热线：(010)81055316
反盗版热线：(010)81055315

开始做管理咨询后，我被老板们问得最多的问题是："如何提升员工忠诚度？如何让员工有责任感？"

我说："多给员工发钱。如果员工值年薪 10 万元，你就发 20 万元，多的那 10 万元，买的就是员工的忠诚度和责任感。"

听到我这么回答，有的老板会说："如果这么简单，那我还请你做管理咨询干什么？"

我说："就是让你认清楚这个真相，别抱幻想。"

较真的老板会说："你说的靠谱吗？你能举出用多发钱的方法买员工忠诚度和责任感的案例吗？"

我说："很多，中国的有华为、阿里、腾讯……美国的有谷歌、苹果、脸书……"

我反问："你能举出哪些企业是少发钱，员工还有忠诚度和责任感的吗？"

老板："……"

抛开幻想，去伪存真，在现实的商业世界中，每个人都会为自己能得到更多的预期利益而奋斗。所谓的"对企业忠诚，为企业无私奉献"，其实更多是"对企业忠诚，为企业无私奉献"后，也能让自身利益最大化。

互联网上流传着这样一个故事。

洞房花烛夜，当新郎兴奋地揭开新娘的盖头，羞答答的新娘正低头看着地上，忽然间掩口而笑，并指着地上："看，看，看，有只老鼠在吃你家的大米。"

第 2 天早上，新郎还在酣睡，新娘起床看到老鼠在吃大米，一声怒喝：该死的老鼠！敢偷吃我家大米！一只鞋子"嗖"地飞了过去，新郎惊醒，不禁莞尔一笑。

同样是老鼠吃大米，前一天晚上新娘可以当笑话看，第2天却让她愤怒。为什么？因为新娘的身份变了。前一天晚上这还是别人家的事，第2天就成了自己家的事。前一天晚上新娘是客人，第2天就成了主人。

诺贝尔经济学奖获得者，美国经济学家罗纳德·H.科斯（Ronald H. Coase）曾说："产权决定效率。"

在企业中，产权就是股权。企业的股权如果只是老板1个人的，企业会收获1个工作效率极高的老板。企业的股权如果是100个人的，企业会收获100个工作效率极高的员工。

随着市场竞争越来越激烈，充分调动员工的工作积极性，深入挖掘企业的人力资源潜能，让人才自动、自发地做好工作，是企业在竞争中脱颖而出的关键。股权激励正是这样一种通过改变员工身份，激发员工的主人翁精神，从而提高其工作效率和工作业绩的方法。

股权激励到底能解决什么问题？从根本上讲，股权激励解决的正是产权归属问题。用大白话讲，股权激励解决的，是员工给谁干的问题。股权激励能够让员工和企业形成更紧密的连接，是对人才的长期激励，能将人才留在企业，同时使之发挥出个人最大的价值。

股权激励的价值主要包括以下4点。

1. 吸引和保留人才

优秀的股权激励能够起到吸引和保留人才的作用，能够减少企业的人才招聘成本和人才离职成本，使企业获得更稳定的管理和技术人才队伍。股权激励制度可以让优秀的员工分享企业发展的成果，增强员工的责任感和归属感。

2. 建立利益共同体

企业和员工之间实际上是利益共同体，只不过很少有员工这么想，原因是企业常常缺少一种机制，把企业的集体利益和员工的个人利益有效连接在一起。股权激励制度就是把企业和员工的利益连接在一起的有效方式，它能够弱化企业和员工之间的距离感，使企业和员工成为利益共同体。

### 3. 帮助业绩提升

股权激励制度因为把企业利益和员工个人利益绑定在一起，所以能够最大限度地激发员工的工作积极性、主动性和创造性。员工成为企业的股东后，在承担一定经营风险的同时，有可能获得经营收益。在这种情况下，员工很可能发挥个人最大的优势，最大限度地帮助个人和企业提升业绩。

### 4. 有助于企业长远发展

很多企业采取的激励方式是短视的，追求岗位的短期收益，却忽略了长期发展，使得很多岗位员工也会相应采取一些短视的行为。股权激励制度更关注企业和员工的长远发展，能够有效减少员工的短视行为，有助于提升企业的长期竞争力。

很多企业主意识到股权激励的重要性后，纷纷开始实施股权激励，但多以失败告终。有的不仅付出成本后没有起到应有的激励效果，而且因为自身股权被稀释丧失了对企业的控制权。实务中，股权激励的失败主要源于以下 4 个方面的问题。

### 1. 股权激励方案设计有问题

有的企业没有真正理解股权激励的含义，不知道如何通过股权激励方案达到真正的激励效果，不知道股权激励方案应当包括哪些内容，不知道应该如何编制一套完整的股权激励方案，不知道实施股权激励方案时有哪些注意事项。

### 2. 股权架构设计有问题

有的企业创立之初的股权架构设计就有问题，造成企业发展停滞不前，甚至最终走向灭亡。有的企业没有考虑到要为未来的发展预留股权。有的企业创始人过度消耗股权，导致自己丧失了对企业的控制权。

### 3. 股权激励形式选择有问题

有的企业不知道股权激励除了直接给干股之外，还可以有很多形式。有的企业虽然知道股权激励有多种形式，但错误地估计了自身情况，选择了并不适合自己的股权激励形式；或者虽然形式选择对了，但在具体设计实施的环节出现了问题。

### 4. 股权激励绩效考核评价有问题

有的企业只关注方案设计，却不重视考核评价，这样就算有了适合企业发展情况的股权激励方案，却没有与之匹配的绩效管理能力，没有恰当的目标设计能力和对员工的考核评价能力，也会造成员工获得的收益与创造的价值不匹配。

针对实务中企业实施股权激励存在的问题，我总结了股权激励与股权架构设计有效实施的方法。读者严格按照本书介绍的方法实施股权激励与股权架构设计，在实战中就不容易出问题。

本书所用相关法律法规的版本如下。

《中华人民共和国公司法》为 2018 年 10 月 26 日修正版，本书统一简称为《公司法》。

《中华人民共和国证券法》为 2019 年 12 月 28 日修订版，本书统一简称为《证券法》。

《上市公司股权激励管理办法》为 2018 年 9 月 15 日施行版。

《上市公司证券发行管理办法》为 2020 年 2 月 14 日施行版。

最有效的学习是通过解决问题来学习。我建议读者拿到本书后，不要马上从第一个字看到最后一个字；而是先带着问题，根据企业当前最薄弱的环节，查找本书中的操作方法，根据企业的实际状况思考、制定、实施和复盘解决方案。

当具体问题得到缓解之后，读者可以由问题点切入，查找知识点；由知识点延伸，找到流程线；由流程线拓展，发现操作面；由操作面升华，全面掌握整个股权激励与股权架构设计的实施方法。这时候再从整体角度，自上而下地看问题，又会有新的、更深刻的认识。

我总结了一个学习的 ABC 原理：看到的是 A，学到了 B，用出来变成了 C，这是真正的学习成长。很多人不是这样的，他们看到了 A，学到了 A，就只会用 A，结果用的时候发现 A 没能解决问题，就说 A 没有用，这其实是"死读书"的表现。

当我们看到 A 时，要想学到 B，需要有总结归纳、发散思考的能力；学到 B 时，要想用出 C，需要对场景进行观察、思考，同时对 B 不断练习、不断复盘、不断调整，这也是一种行动力。所以我觉得，学习能力从来都不是一种单一的能力，而是能够发散思考、举一反三，并在实际应用时灵活变通的能力。

祝读者朋友们能够学以致用，更好地学习和工作。

本书若有不足之处，欢迎读者朋友们批评指正。

## 本书特色

1. 通俗易懂、案例丰富

本书包含丰富的实战案例，让读者能够快速掌握股权激励方案编制和股权架构设计在实战中的应用，让读者能够看得懂、学得会、用得上。

2. 上手迅速、模板齐全

本书把大量复杂的理念转变成能在工作中直接应用的、简单的工具和方法，并把这些工具和方法可视化、流程化、步骤化、模板化，这样即便是初学者也能够快速上手开展工作。

3. 知识点足、实操性强

本书涉及大量的知识点，知识点的选择立足于解决工作中的实际问题。读者通过阅读本书，能够学会编制股权激励方案和设计股权架构。

## 本书内容及体系结构

本书包含股权激励与股权架构设计实施的原理、用到的工具、常见的问题和应用的方法。

第 1 章　股权激励概述

本章主要介绍股权激励的基本原理，包括股权激励的实施价值、薪酬组成、注意事项、实施原则、激励方案包含内容和股权激励相关概念；实践中的激励理论，包括需求层次理论、激励保健理论、效价期望理论、社会比较理论和综合激励理论；股权激励方案设计 8 步骤，包括定目的、定人选、定形式、定目标、定节奏、定考核、定规矩和定管控。

第 2 章　股权架构设计

本章主要介绍股权架构设计的关键，包括股权架构的 9 条生命线、三大要素设计和四大角色比例；股权融资结构设计规划，包括股权融资的轮次规划、比例规划和设计案例；不同公司的股权架构设计，包括两三个股东创业如何设计股权，4 个及以上股东如何设计股权，快速发展期公司如何设计股权，上市 /拟上市公司如何设计股权。

第 3 章　股权激励形式

本章主要介绍股票期权，包括股票期权的应用、实施步骤和实施案例；限制性股票，包括限制性股票的应用、实施步骤和实施案例；股票增值权，包括股票增值权的应用、实施步骤和实施案例；虚拟股权，包括虚拟股权的应用、实施步骤和实施案例。

第 4 章　股权激励考核

本章主要介绍绩效管理的正确做法，包括绩效管理与绩效考核的关系，贡献成果与考核分数的关系，管理程序与管理工具的关系，保证绩效管理有效实施的架构与职责；绩效管理工具，包括 MBO、KPI、OKR、KSF、BSC5 种工具的应用方法；绩效管理程序，包括绩效指标分解、绩效计划制订、绩效辅导实施、绩效考核评价、绩效反馈跟踪和绩效结果应用；考核评价方法，包括关键事件法、行为锚定法、行为观察法、加权选择法、强制排序法、强制分布法和 360 度考评法。

第 5 章　股权激励方案实战案例

本章分别选取实战中股票期权、限制性股票、股票增值权和虚拟股票4 种股权激励形式的案例，介绍美的集团股票期权激励方案，用友网络限制性股票激励方案、中微公司股票增值权激励方案和松宝智能虚拟股票激励方案。

第6章　股权激励方案文件模板

本章主要介绍设计股权激励方案时，除方案本身外需要用到的文件模板，包括：设置股票期权激励方案时，公司与激励对象签订的股票期权协议书范本；设置限制性股票激励方案时，公司与激励对象签订的限制性股票协议书范本；设置股票增值权激励方案时，公司与激励对象签订的股票增值权协议书范本；设置虚拟股票激励方案时，公司与激励对象签订的虚拟股票协议书范本；股票期权赠予通知书范本；股票期权行权申请书范本。

## 本书读者对象

企业主；

投资人；

管理咨询师；

上市筹备人员；

人力资源管理各级从业人员；

会计 / 财务 / 税务人员；

管理类相关专业在校生；

所有对股权激励与股权架构设计感兴趣的人员。

# 目　录

# 第1章
# 股权激励概述

股权激励不仅是公司薪酬体系设计的一种方式，也是公司顶层制度设计的一种模式。股权激励使各方参与者的权利和义务对称和互补，能够解决公司发展中员工动力不足和效率低下的问题，有助于激发员工潜力，将公司价值与员工利益绑定在一起，促进公司长远健康发展。

## 1.1 股权激励基本原理

实施股权激励前，我们首先要搞清楚股权激励的基本原理，包括股权激励实施价值，股权激励在薪酬中的组成，实施股权激励的注意事项和实施原则等。

### 1.1.1 股权激励实施价值

股权激励是公司管理的手段之一，无论是上市公司还是非上市公司，建立和实施股权激励计划都是很有必要的，它不仅能够促进公司营收和市值增长，还能够使公司、股东及员工形成三方共赢的局面。

实施股权激励究竟有什么价值呢？

#### 1. 建立利益共同体

每个人都会关注自身的利益。公司老板与员工因为所处立场不同，利益必然不完全一致。这不仅是因为老板拥有公司的控制权，更关键的是，老板拥有公司的所有权，会更注重公司的长远发展和投资回报。老板关注公司的利益就是关注自身的利益。而员工不具备公司的所有权，所以员工的自身利益更偏向个人的薪酬收益。

老板与员工利益诉求的不同可能会影响公司的长远发展。员工为了追求个人利益,可能采取"杀鸡取卵"式的短视行为,从而做出损害公司利益,但有利于个人利益的行为。这里的员工不仅指公司职位比较低的职员,随着公司所有权和经营权的分离,不拥有公司所有权的高级管理者本质上也是员工。

实施股权激励,就是把公司利益和员工个人利益进行绑定,能够让公司的各级管理者和关键员工与公司的所有权建立联系,促使员工个人利益与公司利益保持一致,从而削弱老板和员工的个体矛盾,形成发展共赢的利益共同体。

### 2. 吸引和保留人才

股权激励可以为人才带来较高的利益预期,是公司吸引优秀人才的有力武器。在实务中,实施股权激励的公司比没有实施股权激励的公司在吸引高技术人才方面有着更明显的优势。股权激励不仅可以针对在职员工,还可以对公司未来吸引的新员工预留同样的激励条件,这也从另一方面给新员工带来了强有力的利益预期。

实施股权激励,不仅能让员工分享公司发展带来的收益,增强员工的归属感,激发员工的工作积极性和创造性,而且可以让员工在离开公司或做出不利于公司的行为时,以失去部分收益为代价,从而降低公司人才流失的成本。因此在实务中,实施股权激励的公司比没有实施股权激励的公司的核心管理人才和技术人才的流失率更低。

### 3. 不断提升公司绩效

实施股权激励计划后,相关管理者和关键员工成了公司的所有者,这就使公司的长远目标和拥有公司所有权的个人的长远目标达成一致。拥有公司所有权的个人有了分享公司利益的权利后,必然期望公司绩效不断提升,这种期望会影响日常工作中的个人行为。

拥有公司所有权的个人会因为公司绩效的高低而有所收获或损失,这种预期的收益或损失从某种程度上提高了管理者和员工的工作积极性和创造性,更有利于激发他们的工作潜力。

股权激励作为公司的长期激励机制,促使各级管理者和核心员工不断为公司发展进行改革和创新,以提升公司的经营业绩和核心竞争力。

**4.自动约束员工行为**

传统的激励机制主要通过检查、监督或考核对员工的行为提出要求，形成约束。但这种模式的管理成本较高，且效果并不显著，而且常常会出现通过考核短期数据对管理者和员工进行奖励的情况，从而错误地引导管理者和员工更注重短期行为，不利于公司长期、稳定发展。

实施股权激励计划后，公司和员工成为利益共同体，员工会产生"主人翁"意识，会为维护和创造自身利益而自动、自发地做出有利于公司的行为。这时候不需要实施监督或检查，员工的行为都是自发的，而且效果比实施监督检查时的还好。

## 1.1.2 股权激励薪酬组成

股权激励定位于对人才的长期激励。

公司给人才的薪酬可以分成 3 个部分：一部分是相对固定的收入，用 A 来表示；一部分是短期激励的浮动收入，用 B 来表示；还有一部分是更长远的长期激励，用 C 来表示。

人才薪酬组成如表 1-1 所示。

表 1-1　人才薪酬组成

| 分类 | 内容 | 相关 |
| --- | --- | --- |
| A 部分<br>（相对固定的收入） | 固定工资<br>固定福利<br>固定津贴 | 岗位工作完成情况<br>出勤情况 |
| B 部分<br>（短期激励） | 月度奖金<br>季度奖金<br>年终奖金<br>特殊福利 | 短期绩效 |
| C 部分<br>（长期激励） | 股权激励<br>长期现金<br>长期福利 | 长期绩效 |

A 部分是保证人才家庭基本生活的薪酬，一般以月度为单位发放。人才能否得到 A 部分，通常与人才是否完成岗位工作和出勤情况有关。当人才完成岗位工作、全勤时，就应得到全部的 A 部分。

在薪酬设置层面，A 部分可以包括固定工资、固定福利、固定津贴等相对固定的薪酬类目。A 部分不是一成不变的，一般应随着物价水平、劳动力市场状况、职级调整、工作年限或公司整体薪酬水平的变化而变化。

B 部分是对 1 个月到 2 年这类相对短期的经营业绩和绩效成果的奖励，根据岗位属性的不同，一般以月度、季度或年度为单位发放。B 部分的高低与短期绩效直接相关，短期绩效越好，B 部分的金额越高。

在薪酬设置层面，B 部分可以包括月度奖金、季度奖金、年终奖金、特殊福利等与短期绩效相关的薪酬类目。B 部分可以不设上、下限，也可以设置上、下限。根据短期绩效，B 部分的发放金额可能达到预期，可能超过预期，也可能为零。

C 部分是对人才的长期激励，是把公司发展和人才个人发展绑定在一起的薪酬设计。公司和人才双方确定后，C 部分的薪酬一般在 2 年以后或更远期兑现。C 部分能有效防止人才为了追求短期利益而做出的一些杀鸡取卵式的决策和短视行为。

在薪酬设置层面，C 部分可以包括股权激励、长期现金、长期福利等与长期绩效相关的薪酬类目。C 部分的弹性较大，周期较长。如果采取股权激励形式，C 部分并不直接支付现金。根据长期绩效，C 部分的收益可能非常高，也可能为零。

岗位不同、职务不同、层级不同，各部分的薪酬占比也不相同。管理层级越高，其决策对公司发展影响越深远的人才，C 部分的占比应越高。管理层级越低，事务型工作较多的人才，A 部分的占比应越高。与短期绩效关联度较高的人才，B 部分虽然可以设置较大比例，但也要设置一定的 C 部分来避免人才做出不利于公司的短视行为。

### 1.1.3　股权激励注意事项

股权激励是一个在治理公司上备受欢迎的"锦囊"，它可以创造组织和个人的利益共同体，激发员工的内在驱动力，有效地吸引和保留人才。尤其是创业公司，在早期无力吸引和保留高端人才以及支付高额薪金时，股权激励计划可以有效缓解这一问题。

自20世纪50年代以来，股权激励广泛应用于美国公司，成为股东激励员工的主要手段。2005年，中国证券监督管理委员会（以下简称"中国证监会"）实施股权分置改革之后，我国才具备了实施真正意义上的股权激励的条件。随后，我国实施股权激励计划的公司开始涌现。

可是，股权激励计划在实际推行的过程中却困难重重、问题频发，为什么股权激励难以做到"一股就灵"呢？常见原因如下。

### 1. 公司治理结构不完善

许多公司内部的集权化现象严重，公司董事会独立性不强，董事会成员与经营管理层高度重合，董事兼任总经理或管理者的现象十分普遍。这使得股权激励成了董事会自己激励自己的方案，加上缺乏有效的内部监督机制，导致出现大量的短视行为、控股股东的不正当关联交易等问题，严重阻碍了股权激励计划的有效实施。

### 2. 绩效管理机制不健全

绩效管理是实施股权激励计划的前提之一。国外上市公司一般会用股票价格作为评价经营者业绩的重要指标，而我国上市公司大多采用传统的财务指标作为业绩评价的指标。有些公司甚至连财务指标体系都未能完善，非财务指标涉及更少。过于简单的财务指标使股权激励的行权条件易于实现，无法全面、准确、客观地评估激励对象的工作成效，并且可能会带来诸多负面影响。

### 3. 激励方案设计不完善

在推行股权激励的公司中，大多数公司推行的是股票期权模式，使得处在公司高层的董事、高管获得的股票期权数量过多，而作为中坚、骨干力量的核心员工得到的股票期权数量较少，造成公司内部的价值分配不均衡。同时，股权激励方案的制定者没有考虑到在市场低迷时期，股票期权这种单一的方式很可能会失效，而这会影响股权激励方案的实施效果。

### 4. 盲目跟风设计

很多公司在设计股权激励方案时，盲目学习一些大公司的做法。大公司也是由小公司发展起来的，每个公司都有自己所处的发展阶段，不同行业、不同规模、不同发展阶段的公司有不同的特点，大公司当前的做法很可能并不适合小公司。这就好像给拖拉机装上法拉利的发动机，最可能的结果不是拖拉机跑得像法拉利一样快，而是在加速阶段拖拉机就散架。

当然，实务中公司总会存在这样或那样的问题，这并不代表只有把问题全部解决掉才能做股权激励。因为股权激励的形式多种多样，公司可以根据自身实际情况，避开当前最薄弱的环节，选择那些可行的、最适合自己的股权激励形式。

## 1.1.4　股权激励实施原则

股权激励有很多形式，公司应当根据实际情况，优化和调整适合自己的股权激励形式。这些形式没有固定的操作方法，但拥有相同的实施原则，其主要内容如下。

### 1. 合法合规

不论是上市公司还是非上市公司，实施股权激励计划都要严格按照法律、行政法规的规定来执行。上市公司的股权激励计划要真实、准确、完整、及时地实施信息披露。对于非上市公司的股权激励计划，不能出现公司规定大于法律、行政法规的情况。

### 2. 自愿参与

股权激励计划不仅代表着一种获得利益的权利，也代表着一种责任和义务。

公司实施股权激励计划时，要遵循员工的自主决定，确保员工自愿参与，公司不能以强行分配的方式强制员工参加股权激励计划。

### 3. 利益共享

股权激励计划要保证激励对象和公司利益共享，紧密绑定公司管理层和核心骨干人员与股东的长期利益。对激励对象的考核要与公司的关键业绩指标挂钩，要与公司的长远目标相关联，要强化公司和员工的共同愿景。

### 4. 风险共担

股权激励计划不是只有收益、没有风险的。对员工来说，参与股权激励计划并非一定会获得奖励，也可能会遭受损失。参与股权激励计划的所有员工要自负盈亏、自担风险，与其他投资者是平等的。

### 5. 公平公正

在团体组织中，公平公正对于组织成员而言至关重要。世界上没有绝对公平，能做到相对公平就已是最佳状态，股权激励也是如此。公司让员工在完成业绩的同时，能够享有自己的权益；当员工业绩完成得不尽如人意时，会受到奖励约束。这在员工看来就是"公平公正"的最佳状态。

### 6. 时机恰当

股权激励计划并非在任何时期、任何场景下都适用。公司实施股权激励计划一定要寻找合适的时间，做合理的规划，否则如果以拍脑袋的方式随意决定实施的时机和方式，很可能会适得其反。

### 7. 发展变化

实施股权激励计划不是一次完成就能终身受益的工作，而是需要公司根据不同的发展阶段持续改进和完善的。每一次股权激励计划的改进和完善都在为公司未来的发展打基础，让公司能够达成未来的奋斗目标。

### 8. 高低差异

股权激励计划不能搞平均主义，不能人人有份儿，激励力度要根据岗位和业绩的贡献度进行划分，要有高有低、有多有少，切勿出现平均分配的情况。平均分配通常会造成贡献度高的核心人才流失。

### 9. 定好预期

股权激励对激发员工潜能有积极作用，那么，是不是激励越多越好呢？当然不是，公司在制定股权激励计划时，要先明确公司的发展现状及股权激励需要达成的目标，所有的设定都必须符合公司当下和未来发展的需要。业绩目标既不能太低，也不能太高，预期设定要符合实际，这样才能让员工为同一个目标奋斗。

## 1.1.5　激励方案包含内容

一份完整的股权激励方案应该包含哪些内容呢？一般来说，至少要包含以下 12 类内容。

### 1. 实施目的

这部分内容应当设定清楚股权激励的实施目的。虽然实施股权激励有比较通用的价值，但每个公司在实施时也会有自身独特的诉求。写清实施目的，也是为了让预备实施股权激励的公司思考清楚，避免盲目实施。

### 2. 激励对象

这部分内容要设定清楚激励对象，包括激励对象的确定依据和人员范围。

### 3. 激励内容

这部分主要包括如下内容。

（1）拟授出的权益数量，拟授出权益涉及的标的股票种类、来源、数量及占上市公司股本总额的百分比。

（2）分次授出的，每次拟授出的权益数量，涉及的标的股票数量及占股权激励计划涉及的标的股票总额的百分比、占上市公司股本总额的百分比。

（3）设置预留权益的，拟预留权益的数量，涉及的标的股票数量及占股权激励计划涉及的标的股票总额的百分比。

（4）激励对象为董事、高级管理者的，其各自可获授的权益数量、占股权激励计划拟授出权益总量的百分比。

（5）其他激励对象（各自或者适当分类）的姓名、职务、可获授的权益数量及占股权激励计划拟授出权益总量的百分比。

### 4. 相关日期

这部分内容要设定清楚股权激励计划的有效期，限制性股票的授予日、限售期和解除限售安排，股票期权的授权日、可行权日、行权有效期和行权安排。

### 5. 行权价格

这部分内容要设定清楚授予价格或授予价格的确定方法，以及行权价格或行权价格的确定方法。

### 6. 行权条件

这部分内容要设定清楚激励对象获授权益、行使权益的条件。

### 7. 行权程序

这部分内容要设定清楚公司授出权益、激励对象行使权益的程序。

### 8. 调整权益

这部分内容要设定清楚调整权益数量、标的股票数量、授予价格或行权价格的方法和程序。

### 9. 会计处理

这部分内容要设定清楚激励方案的会计处理方法、股权的公允价值确定方法、涉及估值模型重要参数取值合理性、实施股权激励应当计提费用及对公司经营业绩的影响等。

### 10. 变更终止

这部分内容要设定清楚股权激励方案的变更、终止，当公司发生控制权变更、合并、分立，以及激励对象发生职务变更、离职、死亡等事项时股权激励方案如何执行。

### 11. 权利义务

这部分内容要设定清楚公司和激励对象的权利义务关系。

### 12. 特殊情况

前面 11 项内容都是预设正常情况下的处理方法，但在实施股权激励方案的过程中，公司也许会遭遇一些异常状况。这部分内容要设定清楚异常情况出现时的处理方法，如要设定清楚公司与激励对象之间发生相关纠纷或争端时的解决机制。

## 1.1.6 股权激励相关概念

### 1. 什么是股权

股权就是股东的权利，指公司股东依据出资额对公司享有的财产支配权益，是一种综合性权利。正式的公司股权代表着公司的所有权。拥有股权意味着拥有三大主要权益，分别是资产收益权、参与决策权、管理者的选择 / 监督权。

（1）资产收益权

股东享有公司利润和剩余财产分配的权利。一般来说，有限责任公司按照股东的出资比例分配，股份有限公司按照股东持有的股份比例分配。

（2）参与决策权

有限责任公司的股东会和股份有限公司的股东大会由全体股东组成，股东会和股东大会可以行使如下职权。

① 决定公司的经营方针和投资计划。

② 选举和更换非由职工代表担任的董事、监事，决定有关董事、监事的报酬事项。

③ 审议批准董事会的报告。

④ 审议批准监事会或监事的报告。

⑤ 审议批准公司的年度财务预算方案、决算方案。

⑥ 审议批准公司的利润分配方案和弥补亏损方案。

⑦ 对公司增加或减少注册资本做出决议。

⑧ 对发行公司债券做出决议。

⑨ 对公司合并、分立、解散、清算或变更公司形式做出决议。

⑩ 修改公司章程。

⑪ 公司章程规定的其他职权。

（3）管理者的选择 / 监督权

股东会和股东大会除了拥有重大决策权外，还有对公司管理者的选择权和监督权。

## 2. 什么是股份

股份是股东对公司的部分拥有权。有限责任公司根据股东的出资额划分股权，股份有限公司将全部资本划分为等额股份。股东拥有的股份越多，在公司的法律地位就越高，权利义务也就越大。

具有面值的股份，其股份金额相等；无面值的股份，其在股本总额中所占比例相等。从法律角度看，股东享有的权利义务也是平等的，每一股份代表一份股东权益。股份作为公司资本的基本构成单位，是不可拆分的。

## 3. 什么是股票

股票有 2 层含义：一种是常规意义上的股票，由上市的股份有限公司发行，是可以在二级市场上买到的股票；另一种是由非上市的股份有限公司发行，其实质是股份有限公司发行的一部分股份。后一种股票需要按照非上市公司的章程规定或内部约定进行交易和买卖，不能进行自由交易和买卖。

## 🪙 1.2 实践中的激励理论

股权激励中，股权不是目的，而是手段，激励才是目的。要想达到激励的目的，就要了解与激励相关的理论。在与股权激励相关的激励理论中，相关性最强的有 5 类，分别是需求层次理论、激励保健理论、效价期望理论、社会比较理论和综合激励理论。

### 1.2.1 需求层次理论

需求层次理论，最早由美国心理学亚伯拉罕·马斯洛（Abraham Maslow）于 1943 年提出。需求层次理论的核心含义是人们因为心智、环境等不同，个体的需求各不相同，可以分成不同的层次。

马斯洛的需求层次理论基于以下 3 项基本假设。

（1）人们的需求影响着行为，没有得到满足的需求更能激发人们的行为，已经得到满足的需求较难激发人们的行为。

（2）人们的需求有一定的重要性排序规律，往往是从最基本的生存需求到较复杂的精神需求。

（3）人们只有较低需求得到满足后，才会产生较高需求。

需求层次理论将人们的需求分成 5 类，如图 1-1 所示。

图 1-1 需求层次示意图

需求层次由低到高各层的含义如下。

## 1. 生理需求

生理需求指的是人类最原始、最基本的生存需求，饮食、睡眠、穿衣、交通等各类需求都属于生理需求。这类需求构成了人类在世界上顺利存活下去的基本需求。生理需求体现了人类的求生本能，在某些极端情况下，会成为激发人类行为最强大的动力。

## 2. 安全需求

安全需求是人类获得安全感的需求。人类不论是身体还是心灵都需要一个"避风港"，因而需要一种形式让人类感受到没有这样或那样的风险，以获得这种安全感。当人们不再为最基本的生存问题烦恼时，就会开始努力追寻这种安全感。

## 3. 感情需求

感情需求是人类通过社交寻找感情寄托，获得忠诚感和归属感的需求。人与人之间的交往会产生不同的感情。人们都希望得到正向的感情，如上级对下级的关怀、朋友间的友情、亲人间的亲情及恋人间的爱情等。

## 4. 尊重需求

尊重需求是人类渴望能够被自己、他人及社会认可，获得某种认同感的需求。这里的认同感来源于 2 个层面：一是自己对自己的尊重，也就是自尊；二是他人和社会对自己的尊重。人们渴望通过行为获得来自这 2 个层面的尊重。

## 5. 自我实现需求

自我实现需求是人类最高层次的需求，是人类通过自身努力和付出，能够实现自己的理想，完成自己的目标，达成自己能力范围内的事情，以得到满足感的需求。或者简单地说，是人们都希望通过努力，不断发掘自己的潜能，成为自己想成为的人。

需求层次理论能帮助人们认清因为成长背景不同、生存环境不同、所处时间阶段不同，所拥有的各种各样不同层次的需求。有时要激发人们的行为，就需要考虑到人们的不同需求，针对人们独特的需求来满足人们的需要，这样激励效率更高。

但需求层次理论也有一定的局限性。例如人们的需求有时是复杂多样的，并不一定低级需求没有得到满足时，就没有高级需求；需求层次之间也不一定有那么明确的界限，有些需求是融合在一起的。

### 1.2.2　激励保健理论

激励保健理论也被称为双因素激励理论，最早由美国心理学家弗雷德里克·赫茨伯格（Fredrick Herzberg）于 1959 年提出。激励保健理论的核心含义是组织为员工提供的各种回报不都具有激励性，而是分为 2 种：一种不具有激励性，被称作保健因素；另一种具有激励性，被称作激励因素。

保健因素指的是当这些因素没有得到满足时，人们会感到不满意；当这些因素得到满足后，人们的不满意感虽然消失，但并没有达到满意。保健因素通常包括薪酬福利、工作环境、组织内部关系等。

激励因素指当这些因素没有得到满足时，人们不会满意，但也不会完全不满意，只是还没有达到满意的程度。但当这些因素得到满足时，人们就会满意。这个理论说明，能有效激励到人的，往往是激励因素。激励因素通常包括职业发展、学习机会、成就感、满足感、掌控感、团队氛围等。

一般来说，保健因素提供的通常是人们对劳动相关外部条件的要求。激励因素满足的通常是人们对劳动相关内在感受的要求。保健因素是由外向内的刺激，激励因素则是由内而外的激励。

激励保健理论对组织探索如何有效激发人的行为提供了宝贵的参考。这个理论告诉我们，一味增加工资并不是有效的激励手段，员工不会因为薪酬或福利持续增长而感觉被激励。想要有效激励员工，提高员工的工作热情，组织必须给予能够激发员工积极性的激励因素。

激励因素和保健因素之间的关系也不是一成不变的，二者之间可以相互转化。例如员工的奖金，如果和员工的绩效表现挂钩，就可以变成激励因素；如果不挂钩，就是保健因素。

有的公司把福利分成2部分，一部分是国家法律规定的福利，如社保、公积金等。另一部分是公司为员工提供的弹性福利，如补充医疗、免息购房贷款等。国家法律规定的福利每个员工都享有，这属于保健因素。而公司提供的弹性福利，必须是员工绩效达到一定标准，且一年内无违规违纪行为的员工才可以享受，这就属于激励因素。

关于激励保健理论，也有一些不同的声音。例如有人指出，当人们受到激励而感到满意时，工作效率并不一定会因此而提高；当人们没有得到激励因素，没有感到满意时，工作效率也不一定会降低。尽管如此，激励保健理论还是能够为组织探索如何有效激励员工而制定管理政策提供宝贵的参考。

激励保健理论的含义绝不是说不应给员工发放高工资或提供高福利。在公司经营水平允许的情况下，具备给员工发放高工资、提供高福利的条件，这样做当然不是一件坏事。但人们应该清醒地认识到，单纯的高工资和高福利通常不是激励员工的有效条件，那只是保健因素。多运用激励因素，才能有效地激励员工。

### 1.2.3　效价期望理论

效价期望理论也被称作期望理论，最早由美国心理学和行为科学家维克托·弗鲁姆（Victor Vroom）于1964年提出。效价期望理论的核心含义是，人们采取某种行为的动力与该行为所能达到的结果对自身的价值及自身对达到该结果的预期有关。

效价期望理论的假设是人们采取某种行为的动力与内心的预期紧密相关。当该行为为人们带来的正面的价值越高，实现该目标的可能性越大时，人们采取该行为的积极性就越高，人们采取该行动的动机就越强烈。

效价期望理论可以用如下公式表示。

$$M = \sum V \times E$$

$M$（motivation）代表人的积极性，是人的行为和潜力能够被激发的程度，是指人做出某种行为的动机。

$V$（valence）代表效价，指行为达到预期目标后对满足个人需要的价值大小。效价有正、负、零之分。正效价代表个体希望达到预期目标。正效价数值越高，代表个体越希望达到目标。负效价代表个体不希望达到预期目标。负效价绝对值越高，代表个体越不希望达到目标。零效价代表个体对该目标漠不关心。

效价的另一层含义是人们在主动产生某种行为前，对该行为将产生结果的利弊判断与对比分析。即人们在做某件事前，会首先主观判断做了这件事可能会产生的利，以及做或不做这件事，可能会给自己带来的弊。个体通过利弊对比，判断最终结果可能对自己产生的价值。

效价大小与个人需求有关。同一个结果对于不同的人而言，其效价是不同的。比如同样的 500 元奖金，对于经济困难的员工来说，具有较高的效价；对于物质生活较富裕的员工来说，效价较低。同样的升职机会，对于具备成就导向特质、追求工作挑战性的员工来说，效价较高；对于不喜欢沟通、追求工作稳定性的员工来说，效价较低。

$E$（expectancy）代表期望值，是人们根据过去的经验判断自己达成目标的可能性大小。它是人们在主动产生某种行为前，对这件事能否达到令人满意的预期效果的概率判断，是一种个人对预期结果能否实现的主观预判。

期望值包含的另一层含义是，人们对能帮助个体实现目标的非个体因素的运用，包括环境因素、公司体制、上下级配合度、可运用的工具等。

对不同个体来说，期望值高低与个人主观判断有关。对于同一个结果，不同的人完成的预期不同。例如某销售岗位每月浮动工资拿到满额的目标是完成 3 万元的销售额。由于个体能力的差异，有的销售人员会觉得期望值高，有的则觉得期望值低。

对于相同个体来说，期望值高低与目标设置有关。目标设置得越高，期望值越低。目标设置得越低，期望值越高。对于组织来说，目标一般应设置在员工"跳一下够得着"的地方。如果"跳起来够不着",人们就"不跳了";如果"不用跳就够得着",人们就不需要努力了。

实际达成结果与期望值之间的差异将进一步影响和作用于个体的行为。如果实际达成结果大于或等于期望值,则有助于提高人们进一步行动的积极性。此时差别越大,提高效果越明显。如果实际达成结果小于期望值,则会降低人们进一步行动的积极性。此时差别越大,降低效果越明显。

【举例】

某新媒体创业公司经营着微博、微信公众号、今日头条等各大网络媒体账号,同时也帮别的公司做自媒体内容设计。团队成员有30多人。在该公司,"及时、有料、创新、创意"等关键词对公司发展至关重要。

但该公司大部分员工的状态都是朝九晚五上下班,没有激情和活力,只关注完成工作任务,不想如何提高效率,如何做得更好。为了激发员工的活力,公司总经理给员工涨了一轮工资。但员工高兴了一段时间后,很快又恢复了往常的状态。

后来,这位总经理根据效价期望理论对薪酬政策重新做了改革,从制度层面、管理层面及文化层面做了许多改变,具体内容如下。

1. 规定每人每月创意数量,对达标者有"提成奖励";对连续3个月没达标的员工,采取末位淘汰。(提高效价)

2. 每月评选"创意之星",在晨会上进行表扬,并亲自发放纪念品。(提高效价)

3. 营造创新的公司文化,将公司发展定义为创新驱动型,营造创新氛围,每天讲创新,培训学创新。(提高期望值)

4. 所有需要资源支持的创意,总经理亲自把关,快速提供资源分配支持。(提高期望值)

经过一系列政策实施和强化管理,这家公司的员工对于创新的意识和动力比以往高了很多。后来该公司发展稳健、业绩优异,总经理不再为公司缺少创新和创意而苦恼。

效价期望理论对于组织有效激发和调动员工的积极性有重要的作用。对组织来说,以下做法可以激励员工行为。

(1)将员工的个人需求与组织期望员工达成的工作目标相结合。

(2)员工达成工作目标后得到的报酬恰好能够满足员工的需求。

(3)保证组织提供了足够的资源能够支持和帮助员工达成目标。

## 1.2.4　社会比较理论

社会比较理论也被称作公平理论或比较理论,由美国心理学家约翰·斯塔西·亚当斯(John Stacey Adams)于 1963 年提出。社会比较理论的核心含义是,员工自身的受激励程度是由自己与参照对象对工作投入和回报的主观比较判断结果决定的。

人的知觉影响着人的动机和行为,人们会根据自己的相对得失和相对报酬来全面衡量自身的得失感。社会比较理论认为,人能否感受到激励,不仅和自身得到了什么有关,也和人们对于别人的投入和回报与自己的投入和回报的比较有关。

这里的投入不仅指为工作所付出的时间或精力,还包括自身受教育的程度、付出的努力,以及其他个体为了获取回报所付出或牺牲的资源。这里的回报也不仅指金钱上的回报,还包括工作的肯定、别人的认可、某项福利及其他个体区别于比较对象特有的某项权益。

比较是人的天性,做比较在生活中无处不在。社会比较理论中的比较可以分为横向比较和纵向比较。所谓横向比较,是个体与别人之间的比较。所谓纵向比较,是个体与自身在不同时间点上的比较。

社会比较理论可以用如下公式表示。

$$X=(A_1 \div B_1) \div (A_2 \div B_2)$$

$A_1$ 表示某人对自己获得薪酬回报的感觉。

$B_1$ 表示某人对自己为此所做投入的感觉。

$A_2$ 表示这个人对某比较对象获得薪酬回报的感觉。

$B_2$ 表示这个人对某比较对象为此所做投入的感觉。

注意,公式中 $A_2$ 和 $B_2$ 所指的比较对象也可以是某人自己(纵向对比)。

当 $X=1$ 时，表示人们感到自己的投入产出比率和比较对象相当，也就有了公平感，会感觉平静，不会产生不满情绪。

当 $X>1$ 时，表示人们感到自己的投入产出比率高于比较对象，会产生优越感，这时候人们可能会产生如下行为。

（1）感到兴奋，产生激励，有时会因自己的高投入产出比率产生愧疚感或责任感，随之使人们的行为朝向更加积极的方向继续努力，并提高投入。

（2）当 $X$ 长期稳定大于 1 时，人们开始习惯于这种优越感，产生理所应当的感觉，努力投入程度开始下降。

（3）当 $X$ 过高时，人们有时反而会滋生心虚感或不稳定感，会产生一系列消极行为，例如通过离职减少回报，做自己感兴趣的事。

当 $X<1$ 时，表示人们感到自己的投入产出比率低于比较对象，会产生不公平感，这时为了消除自己不安的情绪，人们可能会产生如下行为。

（1）人们认为自己受到了不公正待遇，行为动机下降，开始出现苦闷、焦虑等情绪，以及发牢骚、怠工等消极行为；有时会出现逆反行为，严重的甚至会出现破坏行为。

（2）采取一系列行动，例如换工作，设法提高薪酬回报或减少投入，出现迟到早退、工作缺勤、拖延工作任务、降低工作质量等行为，以改变自己与比较对象的投入产出比率，获得公平感。

（3）直接更换比较对象，寻找投入产出比率较低的对象进行比较以重新获得优越感。

（4）忍耐、逃避或自我安慰，有时候甚至诋毁或丑化比较对象，让自己接受这种不公平感。

实务中，由于文化、教育、习惯及人的复杂性的影响，每个人对公平的理解各不相同，所以世界上不存在绝对的公平。有人认为，所得薪酬数额上的一致代表公平；有人认为，薪酬数额应该体现过程中的努力，这才叫公平；有人认为，薪酬数额应该代表结果，和付出没有关系，如此才有可能实现公平。

【举例】

小王和小张是同一家公司、同一个部门的同事，他们从事相同的岗位，每月的工资构成也相同，都是 4000 元基本工资加 2000 元浮动工资。浮动工资的发放条件是每月能够圆满完成任务。

该岗位每月的任务目标相同，都是按公司要求，完成一份 3 万字的调研报告书。对此，小王和小张每月都能按要求完成工作，顺利拿到各自的浮动工资。刚开始两人相安无事，但没过多久，问题出现了。

小王开始觉得不公平，他认为自己每月完成任务只需要十几天的时间，剩下的时间做了许多不在自己职责和任务范围内的工作，而小张每月总是拖到月底才能完成报告。这说明自己的工作效率比小张高，工作能力比小张强，但为什么自己拿的浮动工资却和小张一样呢？

小张也开始觉得不公平，他认为自己每次被分配到的调研报告主题都是新的，是公司原本资料库中没有的，自己要费很大力气从外部找资源，才能在月底前勉强完成报告；而小王每次的调研报告主题都跟公司以往的调研报告存在较高相关性，能够在公司资料库中找到大量现成参考资料。这说明自己的工作难度比小王大，工作量比小王高，但凭什么自己拿的浮动工资和小王一样呢？

小王和小张每月薪酬金额数字相同、任务相同，两人理应感到公平，可现在都出现了心理上的不公平感，究竟怎么样才是公平呢？

对组织来说，要保证员工获得公平感，可以采取如下做法。

（1）管理者对待员工的态度应做到公平、公正。

（2）管理者评价员工的贡献和价值应按照统一的标准和制度。

（3）薪酬分配的标准和制度的制定过程应保证公平、公正、公开。

（4）管理者在日常工作中应帮助员工树立正确的公平观。

（5）对已经产生不公平感的员工要及时给予心理疏导。

## 1.2.5　综合激励理论

综合激励理论最早由两位美国心理学家、行为科学家、人力资源管理专家爱德华·劳勒（Edward Lawler）和莱曼·波特（Lyman Porter）于 1968 年提出。综合激励理论是对激励保健理论、效价期望理论和社会比较理论的综合运用。

综合激励理论模型示意图如图 1-2 所示。

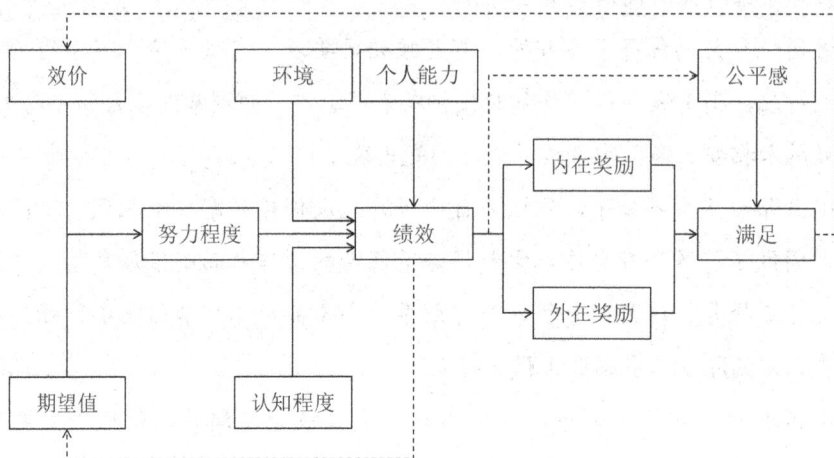

图 1-2　综合激励理论模型示意图

综合激励理论认为，人们工作的努力程度就如效价期望理论介绍的那样，与效价和期望值相关；也就是与行为达到预期目标后对满足个人需要的价值大小，以及人们根据过去的经验，判断自己能够达到目标的可能性大小有关。

人们通过努力形成的工作绩效的情况，将影响人们对于未来行为能否达到目标期望值的判断。人们通过努力达成绩效后，得到的内在和外在奖励给人们带来的满足感，也直接影响着人们完成预期目标给个体带来的价值感受。

当然，绩效能否达成不仅与个人的努力程度有关，还与环境、认知程度及个人能力相关。所谓环境，指组织流程、上下级关系、资源支持等一系列外部条件因素。所谓认知程度，指人们对不同事物的认知层次。所谓个人能力，指个人能够达成目标所具备的技能条件。

绩效目标达成后，将形成 2 种奖励形式——内在奖励和外在奖励。内在奖励可以理解为激励保健理论中的激励因素，外在奖励可以理解为激励保健理论中的保健因素。但人的满足感不仅与这 2 种奖励形式有关，还和社会比较理论中介绍的公平感有关。而人们在绩效达成后，公司对绩效的评判、根据绩效结果兑现的内在和外在激励情况也直接影响着人们的公平感。

**【举例】**

某咨询公司在员工激励方面下足了功夫。为了达成组织绩效,该公司每周都会利用工作时间为员工提供超过 4 小时的培训,以提升员工对咨询项目的认识和咨询能力。

员工在咨询过程中遇到困难时,项目经理会第一时间协助员工解决困难。如果需要资源支持,项目经理与员工讨论评估后,会立即反馈给项目总监。在不超出项目经费的前提下,员工需要的其他支持几乎都能够被满足。

当项目取得阶段性进展,达成阶段性目标后,在项目中对绩效任务达成贡献度较大、表现优异的员工,会得到与绩效水平相对应的奖金、来自上级和团队的认可、更有挑战性的工作、弹性的工作时间、额外的员工福利及升职加薪的机会等。

该公司对所有项目成员的绩效评价都是公平、公开、透明和及时的,对绩效评判有异议的员工可以向专门的绩效管理委员会申请绩效申诉。该公司有专门的同事负责对绩效评判不合理的事件进行调查。

在这家咨询公司实施项目的过程中,几乎每一位团队成员都能够积极参与,发挥自己的主观能动性。团队成员之间合作进取、攻坚克难的氛围也较好。

请思考一下,该公司是如何将综合激励理论运用到员工激励上的呢?

## 1.3 股权激励方案设计 8 步骤

不论是上市公司还是非上市公司,在设计股权激励方案时,都可以按照 8 个步骤展开实施,分别是定目的、定人选、定形式、定目标、定节奏、定考核、定规矩和定管控。这 8 个步骤的顺序不一定是固定的,但都可以作为股权激励方案设计中的 8 个关键点。

### 1.3.1 第 1 步:定目的

制定和实施任何方案前,都要有明确的目的;同样的,实施股权激励方案,也要有明确的目的。定好了目的,股权激励方案才能有的放矢。一般来说,实施股权激励方案的目的可以包括如下内容。

### 1. 绑定利益

股权激励能够将公司效益和核心人才的个人利益绑定在一起。公司效益的增减，直接影响着核心人才的个人利益，能够让核心人才更关注公司利益，更愿意推动公司利益朝期望的方向发展。

### 2. 明确目标

公司通过实施股权激励方案，能够明确公司最期望达成的目标，让公司核心人才明确努力的方向，促成上下同心，保障"利出一孔"和"力出一孔"，促进公司持续、稳健发展。

### 3. 创造动力

设定挑战性业绩目标，使压力与动力并存，不仅有助于提升公司的竞争力，也有利于调动公司管理层和核心人才的积极性和创造性，确保公司未来发展战略和经营目标的实现，从而为股东创造更为持久、丰厚的回报。

### 4. 绩效文化

股权激励方案能够倡导以价值创造为导向的绩效文化，建立股东与管理团队及核心人才之间的利益共享与约束机制，促进公司持续健康发展。

### 5. 留住人才

公司通过实施股权激励方案，能够有效地将股东利益、公司效益和核心人才的利益结合在一起。这种结合能对核心人才形成约束，能够充分调动核心人才的积极性，凝心聚力，将核心人才留在团队中。

### 6. 人才优势

股权激励方案不仅能留住核心人才，还能吸引优秀人才。股权激励方案能够全面、精准地覆盖高价值岗位及关键人才，满足公司对核心技术人才和管理人才的巨大需求，提升公司凝聚力，建立公司人力资源优势，进一步激发公司创新活力，为公司持续快速发展注入动力。

### 1.3.2 第 2 步：定人选

股权激励的人选一定是公司期望长期留住的核心人才。什么样的人才是核心人才呢？我们可以按照职务类型和岗位类别来划分，也可以在态度、能力和绩效 3 个维度上做人才盘点。

态度，包括员工的积极性和主观能动性，即员工对自身岗位的工作抱有多大的热情；为了把自己的工作做好，员工愿意付出多大的努力。员工的价值观、敬业度、满意度等，一般属于态度维度的内容。

能力，包括员工的个人素质、知识水平、技能水平、工作熟练程度，即员工有没有能力把工作做好，或者员工做好工作的可能性有多大。员工的潜质、潜力、潜能等，一般属于能力维度的内容。

绩效，包括员工在工作岗位上实际展现出来的成果，就是员工实际上有没有达成岗位要求的工作目标，有没有达到公司要求，有没有把工作做好。员工的绩效评级、工作成果、工作评价等，一般属于绩效维度的内容。

公司可以从这 3 个维度中选择 1 个维度，做单维度上的人才盘点；可以选择 2 个维度，做双维度的人才盘点；也可以同时选择 3 个维度，同时在 3 个维度上做人才盘点。实务中常见的是双维度人才盘点，常见的维度有"绩效—能力"和"绩效—态度"的双维度。

#### 1."绩效—能力"人才盘点

"绩效—能力"人才盘点可以划分高、中、低 3 个层级，采取"绩效—能力"九宫格人才盘点工具，如图 1-3 所示。

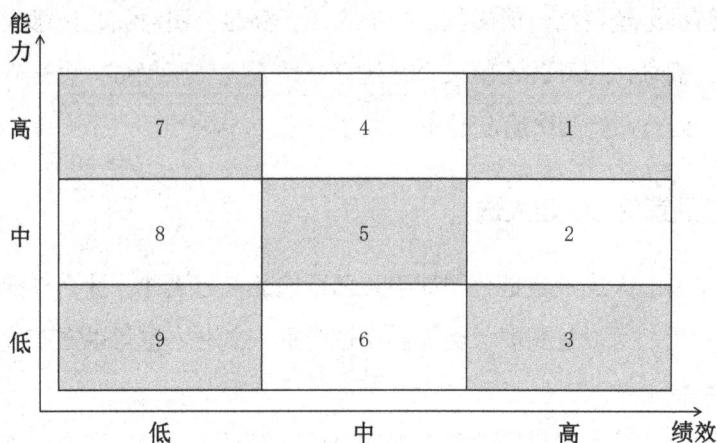

图1-3 "绩效—能力"九宫格人才盘点工具

1号格子代表绩效水平高、能力水平也高的人才。处在这个格子的人才，公司可以根据具体情况考虑对其提拔和晋升，给予这类人才更多的奖励。公司应做好对这类人才的保留工作，可以给这类人才股权激励。

9号格子代表能力比较低、绩效水平也较低的人才。这类人才是否对公司没有价值呢？其实不是。对于这类人才，公司还要评估其工作态度。如果人才的工作态度没有问题，那么绩效水平低的直接原因可能是其能力较低。对于这类人才，公司可以加强培训，或采取轮岗方式促进其学习。

例如，应届生作为公司新员工入职时，能力通常较低，绩效水平也较低。这类人才基本都处在9号格子。但应届生中不乏吃苦耐劳、踏实勤奋的人才，公司应重点关注并培养这类人才。

比较异常的人才类别是7号格子和3号格子。

7号格子代表人才能力水平较高，但绩效水平较低。这种情况可能要考虑人才的能力和绩效是否存在不匹配的情况，人才从事的岗位是否不能发挥其能力优势，也可能是人才工作的方式存在问题，还有可能是人才的工作态度出现问题。公司了解清楚原因后，可为员工调岗，做绩效指导，或再尝试完善绩效制度。

3号格子代表人才绩效水平较高，但能力水平较低。出现这种情况，可能是人才所在岗位绩效和能力的相关性不大，可能是绩效指标设置出了问题，还可能是能力评估体系出了问题。这同样需要公司根据实际情况进行调整，具体问题具体分析。

### 2."绩效—态度"人才盘点

"绩效—态度"人才盘点可以根据高、中、低，好、中、差 3 个层级采取"绩效—态度"九宫格人才盘点工具，如图 1-4 所示。

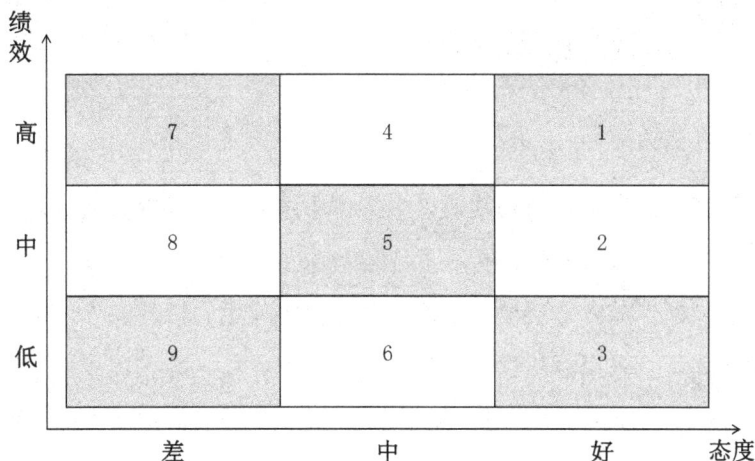

图 1-4 "绩效—态度"九宫格人才盘点工具

1 号格子代表人才的态度较好，绩效较高。这类人才属于公司的核心人才，是公司的核心人力资本，是公司要重点培养的人才，也是实施股权激励计划的后备人选。

9 号格子代表人才的态度较差，绩效较低。这类人才属于公司中比较差的人才，这类人才对公司发展通常是不利的，公司需要对其实施必要的调岗或培训等措施；在多次尝试无效后，可以选择将其淘汰。

3 号格子代表人才的态度较好，但绩效较低。对待这类人才，公司要找到其绩效低的原因，根据情况给予绩效辅导。这类人才绩效低的原因可能是人岗不匹配，或者能力较差，此时应为其调岗或加强培训。如果在多次尝试后，这类人才仍然长期绩效水平较低，同样可以选择将其淘汰。

7 号格子代表人才的态度较差，绩效较高。对待这类人才，不同公司的做法有所不同。有的公司主张要重用这类人才，因为公司不是员工思想的改造中心，一个具有包容性的公司，只要员工不在公司中起反作用，应当允许员工有一定个性。有的公司则认为要坚决清除这类人才，因为态度差的员工必然会影响周围的员工，让团队氛围变差。

当然，这里对态度的定义只是笼统概括，并非某种具体的态度。当分析某种具体的态度时，对 7 号格子的盘点会相对比较明确。例如，阿里巴巴公司将员工态度盘点的重心放在员工的价值观与公司是否匹配。阿里巴巴公司认为与公司价值观不匹配的人才不应该存在于公司内。

### 3. 战略性—稀缺度

公司除了在态度、能力和绩效 3 个维度中选择 2 个维度做人才盘点外，还可以根据公司的不同场景和需求，运用坐标轴法做二维盘点。

当需要判断当前人才质量对公司战略的支撑作用，以及在人才市场的稀缺程度时，公司可以采用战略性—稀缺度二维盘点，将人才按照战略性和稀缺度 2 个维度划分。为简化说明，我们按照高、低 2 个层级得到战略性—稀缺度四宫格人才盘点工具，如图 1-5 所示。

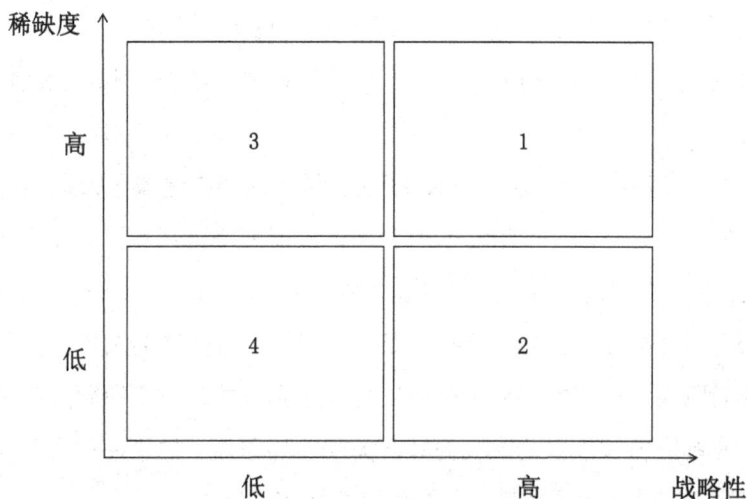

图 1-5　战略性—稀缺度四宫格人才盘点工具

1 号格子的人才对公司的战略价值较高，稀缺性也较高，属于核心人才。这类人才是公司核心竞争力的来源。对待核心人才，公司可以重点培养其领导能力和专业能力，让这类人才继续为公司创造价值。这类人才是股权激励的后备人选。

2 号格子的人才对公司的战略价值较高，但稀缺性较差，属于通用人才。这类人才虽然不够稀缺，但是对公司来说比较重要，公司要注意培养这类人才的基础能力和专业技能，提升这类人才的稀缺性，促使其向 1 号格子转化，成为公司的核心竞争力。

3 号格子的人才对公司的战略价值较低，但稀缺性较高，属于稀缺人才。这类人才虽然比较稀缺，但并不是公司需要的人才。这类人才如果可以通过培养实现能力转换，有可能成为核心人才，但在实践中比较难实现。

4 号格子的人才对公司的战略价值较低，稀缺性也较低，属于辅助人才。这类人才可以帮助公司做一些辅助型的工作，对于这类人才中的相对优秀者，公司可以重点培养其基础能力，促使其向 2 号格子的通用人才转化。

### 1.3.3　第 3 步：定形式

制定股权激励方案，要确定股权激励的形式。对于上市公司和非上市公司来说，股权激励的形式很多，比较常见的形式有 7 种。公司可以根据自身实际情况，避开自己当前最薄弱的环节，选择那些可选的、最适合自己的形式。

#### 1. 股票期权

股票期权是指公司给激励对象一种权利，让其可以在规定的时期内以事先约定的价格购买一定数量的本公司流通股票。当然如果到了那个时期，激励对象发现行权并不合适，也可以选择不行权。

股票期权的行权条件一般包括以下 3 个方面。

（1）时间方面。需要等待一段时间，如等待 2 ～ 3 年。

（2）目标方面。需要达到公司某项预期，如公司业绩达标。

（3）激励对象方面。需要满足某项条件，如通过公司的绩效考核。

### 2. 限制性股票

限制性股票是指事先给激励对象一定数量的股票，但对于这部分股票的获得条件和出售条件等会有一定限制。例如只有当激励对象在本公司服务满5年，才能获得这部分股票；5年后公司经营业绩提升1倍，激励对象才可以卖出这些股票变现。具体限制条件可以根据公司的实际需要设计，灵活性较强。

### 3. 股票增值权

通过股票增值权，激励对象可以从期初认购股票的价格与期末股票市价之间的增值部分中获益。当然，为了避免股票价值降低的风险，利用这种形式时，激励对象并非实际购买股票，而是获得了这部分股票增值后的收益权。股票增值权行权的方式同样可以是现金、福利、实际股票或这几种方式的组合。

### 4. 虚拟股票

虚拟股票指公司同激励对象事先约定，如果公司业绩较优或实现某项目标时，激励对象可以按此获得一定比例的分红。但如同它的名字一样，虚拟股票其实不属于法律意义上的股权激励，激励对象不具备实际所有权，不能转让或出售，通常也不具备表决权。在激励对象离开公司时，虚拟股票将返回公司，由公司规划保留或再分配。

公司通过虚拟股票向激励对象兑现的奖励可以是现金、福利、等值的股票，也可以是可选的组合套餐。因为虚拟股票的本质只是以股份的方式计算员工奖金的一种方法，不涉及真实的股票授予，所以激励效果相对以真实股票为标的物的方式较弱。

### 5. 直接持股

直接持股是当激励对象达到某项条件时，公司直接向其转让股票。转让的方式可以是直接赠予，可以是公司补贴购买，也可以是激励对象自行购买激励对象。在股价上升或下降时，获得的账面价值会相应增加或减少；在股票溢价卖出时，可以获得收益。

### 6. 年薪虚股制

年薪虚股制是将公司中高端人才年薪中的奖金划分出一部分，以虚拟股票的形式体现，规定激励对象持有一定的期限；到期后，按照公司业绩一次性或分批兑现。这种形式不仅将激励对象和公司利益捆绑，将收益时间拉长，同时暗含着对赌的逻辑。激励对象可能会因为公司业绩持续增长而获得巨额的奖金，也可能因为业绩持续下降而赔光当时的奖金。

### 7. 账面价值增值权

账面价值增值权指激励对象在期初按每股净资产购买一定数量的公司股份，在期末时，再按每股净资产的期末值将股份回售给公司。实务中可以有 2 种操作形式，一种是激励对象真实购买，另一种是虚拟购买。在第 2 种操作形式中，激励对象甚至不需要支付资金，期末由公司直接根据每股净资产增量计算收益。

前 4 种是实务中较常见的股权激励形式，第 5 种形式在公司成立初期划分股权、股份制改革、继承人股权交接或一些特殊情况下得以应用，第 6 种和第 7 种形式在实务中应用较少。

## 1.3.4　第 4 步：定目标

股权激励方案中的目标通常包括两种：一种是公司目标，也可以称作组织目标；一种是个人目标，也可以称作岗位目标。公司在制定股权激励方案时，要明确公司目标和个人目标。

公司目标是股权激励方案落实的前提条件，只有当公司目标达成时，股权激励方案才能落实；如果公司目标未达成，则股权激励方案从整体上都不应得到落实。

个人目标是衡量个人能否得到股权激励方案中相应股权奖励的条件，只有在公司目标达成的前提下，个人目标达成，个人才能得到股权激励方案中自己对应的股权奖励；如果公司目标达成，但个人目标未达成，则个人不能得到股权激励方案中自己对应的股权奖励。

明确后的公司目标和个人目标，是以绩效考核形式存在于股权激励方案中的，公司通过考核评判公司目标和个人目标的达成情况。

公司在设定目标时，要遵循 SMART 原则，即目标必须是具体的（Specific）、可以衡量的（Measurable）、可以达到的（Attainable）、与其他目标具有一定的相关性的（Relevant）、有明确截止期限的（Time-based）。

很多人对 SMART 原则并不陌生，但虽然知道 SMART 原则的含义，在实际运用时也还是会经常出问题。例如张三的岗位目标是每天做一件实事，每周做一件好事，每月做一件新事，每年做一件大事。

张三的岗位目标算有效的目标吗？这算是一种目标，但显然不是有效的目标。张三的这几个目标里有时间的概念、有数量的概念，可不够具体，没办法衡量。

实、好、新、大都是形容词。什么是实事？什么是好事？什么是新事？什么是大事？并没有明确的定义。既然没有明确的定义，就没有办法准确衡量。既然不能准确衡量，就不能判断目标究竟是否完成。

我们运用 SMART 原则设计目标时，可以参照 SMART 原则检验工具，如表 1-2 所示。

表 1-2　SMART 原则检验工具

| 原则 | 序号 | 对应问题 | 判断 |
|---|---|---|---|
| 具体的（Specific） | 1 | 目标是否足够明确 | □是　□否 |
| | 2 | 目标是否足够简单易懂 | □是　□否 |
| 可以衡量的（Measurable） | 3 | 目标是否具备激励性 | □是　□否 |
| | 4 | 目标是否能够促进员工采取行动 | □是　□否 |
| | 5 | 目标达成与否是否能够被衡量 | □是　□否 |
| 可以达到的（Attainable） | 6 | 目标是否可以通过行动达成 | □是　□否 |
| | 7 | 目标是否与岗位相适应 | □是　□否 |
| | 8 | 达成目标之后是否有相应的奖励 | □是　□否 |
| 与其他目标具有一定的相关性的（Relevant） | 9 | 目标是否有足够的意义和价值 | □是　□否 |
| | 10 | 达成目标需要的资源是否能够被获取 | □是　□否 |
| 有时间限制的（Time-based） | 11 | 完成目标是否有明确的时间要求 | □是　□否 |
| | 12 | 目标的时间限制是否足够明确 | □是　□否 |

公司在设计目标时，可以参考表 1-2 中 SMART 原则的对应问题，判断是否符合这些问题的描述，检查目标是否符合 SMART 原则。只要存在一项"否"，就说明目标可能存在问题，需要重新审视。

公司为具体岗位设计目标时，要注意根据时间周期的不同，设计不同的目标。越是远期的目标，越应该关注一些宏观的、模糊的、长远的、愿景类的事物；越是近期的目标，越应该关注一些微观的、具体的、短期的、可操作执行的事物。

按照时间逻辑设计目标的方法如图 1-6 所示。

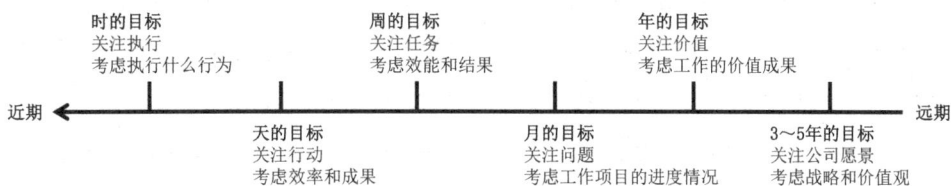

图 1-6　按时间逻辑设计目标

公司在设计岗位 3～5 年的目标时，应关注公司愿景、战略和价值观。

公司在设计岗位年度目标时，应在考虑如何与公司 3～5 年目标相匹配的基础上，关注岗位工作的价值成果如何与公司长远战略做匹配。

公司在设计岗位月度目标时，应在年度目标的基础上，关注一些相对具体的问题和一些工作项目的进度情况。

公司在设计岗位每周的目标时，应在月度目标的基础上进一步分解，关注一些具体的任务，关注更具体的效能和结果。

公司在设计每天的目标时，应在每周目标的基础上关注具体的行动，关注行动效率和每天的成果。

如果需要设计每个时间段的目标，则应更加关注执行的具体行为。

【举例】

某集团公司人力资源总监要设计岗位目标。

当设计 3～5 年目标的时候，要看公司的愿景、战略和价值观。这时制定人力资源管理目标要注意如何让公司在 3 年以后，人力资源的数量和质量达到公司的愿景、战略和价值观的要求。这时的人力资源规划相对比较宏观。

当设计年度目标的时候，要根据3年以后的人力资源规划，制定当年的人力资源规划，这时的人力资源规划相对比较具体，要考虑人力资源部门当年能够给公司创造何种价值，取得何种价值成果。比如当年要保证的人才到位率、人才离职率、人力费用率、人均劳动效率等一系列体现岗位价值的成果。

当设计每月度目标的时候，要关注具体问题，这里的问题是当确定了当年要达成的价值目标后，发现的可能阻碍价值目标达成的问题，或者是设计出具体的价值方向后，某些工作项目的进度情况。比如人才引进的项目进展、人才培养的项目进展等，这些项目的进展情况决定了年度目标能否达成。

当设计每周目标的时候，要把所有待解决的问题、待完成的项目，分解到每周的具体工作任务上，然后每周关注这些任务的进展情况。

当设计每天的任务目标时，要关注具体的行动，比如某天要召开某种会议，某天要参加某个活动。

当设计每小时的行动目标时，要注意在不同的时间段所要完成的具体工作和采取的具体行动。

### 1.3.5　第5步：定节奏

制定股权激励计划时，要把握好时间节奏，既要考虑当下，又要考虑未来。一般来说，至少要考虑未来3～5年的规划，还要考虑预留一部分股权。

预留股权的比例应设置为多少呢？根据《上市公司股权激励管理办法》第十五条的规定：

上市公司在推出股权激励计划时，可以设置预留权益，预留比例不得超过本次股权激励计划拟授予权益数量的20%。

上市公司应当在股权激励计划经股东大会审议通过后12个月内明确预留权益的授予对象；超过12个月未明确激励对象的，预留权益失效。

与股权激励计划节奏相关的几个关键日期含义如下。

1. 授权日

授权日也可以称授予日，是指上市公司向激励对象授予股票期权、限制性股票的日期。授权日必须为交易日。

**【举例】**

中兴通讯（A 股代码：000063）2020 年 10 月发布的《中兴通讯股份有限公司 2020 年股票期权激励计划（草案）》中，对授权日的规定如下。

授权日在本计划经公司股东大会审议批准后由公司董事会确定。首次授予股票期权的授权日应在公司股东大会审议通过本计划之日起 60 日内，公司按相关规定召开董事会明确首次授予的激励对象并授予股票期权，完成登记、公告等相关程序。授权日必须为交易日，且不得为下列区间日。

（1）如果激励对象为董事，则不得为本公司年度业绩公告刊发前 60 日至业绩公告刊发日之期间（包括业绩公告刊发日），以及本公司半年度及季度业绩公告刊发前 30 日至该业绩公告刊发日之期间（包括业绩公告刊发日）。

（2）公司在得悉内幕消息后不得授出期权，直至有关消息公布为止；尤其是不得在以下较早日期之前 1 个月内授出期权。

① 董事会为通过公司任何年度、半年度、季度及任何其他中期业绩举行的会议日期。

② 公司根据适用上市规则规定公布年度或半年度业绩的最后期限，或公布季度或任何其他中期业绩的最后期限。

预留授予的股票期权的授权日由公司董事会在股东大会审议通过本激励计划后 12 个月内确认。

### 2. 解锁期 / 等待期

当公司采取限制性股票激励形式时，可以设置解锁期，即在授予后，分几年进行解锁，每年解锁一部分；是否解锁，可以与公司和个人的业绩考核关联评判。

当公司采取股份期权激励形式时，一般会设置不同的等待期，每批股份过了等待期后，是否可以行权，也与公司和个人的业绩考核关联评判。

股权激励计划中设置解锁期 / 等待期，是为了更好地调动激励对象的积极性，将股权激励与公司年度业绩和个人业绩绑定在一起，这样能够提高股权激励对公司业绩提升的效果。

## 【举例】

中兴通讯（A股代码：000063）2020年10月发布的《中兴通讯股份有限公司2020年股票期权激励计划（草案）》中，对股票期权的行权安排如下。

首次授予的股票期权于授权日开始，经过1年的等待期，在之后的3个行权期，第1、第2和第3个行权期分别有1/3的期权在满足业绩条件前提下获得可行权的权利，如表1-3所示。

表1-3　首次授予的股票期权的行权安排

| 阶段名称 | 行权时间安排 | 行权比例 |
|---|---|---|
| 授权日 | 本计划获得股东大会通过之后的60日内 | |
| 等待期 | 自首次授权日起至首次授权日起12个月内的最后一个交易日止 | |
| 第1个行权期 | 自首次授权日起12个月后的首个交易日起至首次授权日起24个月的最后一个交易日止 | 1/3 |
| 第2个行权期 | 自首次授权日起24个月后的首个交易日起至首次授权日起36个月的最后一个交易日止 | 1/3 |
| 第3个行权期 | 自首次授权日起36个月后的首个交易日起至首次授权日起48个月的最后一个交易日止 | 1/3 |

未满足业绩条件而未能获得行权权利的期权或者行权期结束后当期未行权的股票期权将立刻作废，由公司无偿收回并统一注销。

预留授予的股票期权于授权日开始，经过1年的等待期，在之后的2个行权期，第1和第2个行权期分别有1/2的期权在满足业绩条件前提下获得可行权的权利，如表1-4所示。

表1-4　预留授予的股票期权的行权安排

| 阶段名称 | 行权时间安排 | 行权比例 |
|---|---|---|
| 等待期 | 自预留授予的股票期权的授权日起至预留授予的授权日起12个月内的最后一个交易日止 | |
| 第1个行权期 | 自预留授予的授权日起12个月后的首个交易日起至预留授予的授权日起24个月的最后一个交易日止 | 1/2 |
| 第2个行权期 | 自预留授予的授权日起24个月后的首个交易日起至预留授予的授权日起36个月的最后一个交易日止 | 1/2 |

未满足业绩条件而未能获得行权权利的期权或者行权期结束后当期未行权的股票期权将立刻作废，由公司无偿收回并统一注销。

### 3. 禁售期

禁售期是指员工在取得公司股权激励计划中的股份后，不得在二级市场销售所持股份的时期。一般在股份解锁或期权行权后，会再设置一段时间作为禁售期，用于延长股权对激励对象的绑定效果，防止激励对象在股份解锁或期权行权后将股份卖掉。

对于上市公司来说，对高管等核心岗位售卖股份会有比较严格的要求。对于非上市公司来说，多数公司的股权激励采用封闭管理方式，不允许向外部员工售卖，设置禁售期的作用不是很明显，一般也不会设置很长的禁售期。

【举例】

中兴通讯（A 股代码：000063）2020 年 10 月发布的《中兴通讯股份有限公司 2020 年股票期权激励计划（草案）》中，对禁售期规定如下。

（1）激励对象为公司董事和高级管理人员的，其在任职期间每年转让的股份不得超过其所持有本公司股份总数的 25%；在离职后半年内，不得转让其所持有的本公司股份。

（2）激励对象为公司董事和高级管理人员的，将其持有的本公司股份在买入后 6 个月内卖出，或者在卖出后 6 个月内又买入，由此所得收益归本公司所有，本公司董事会将收回其所得收益。

### 4. 可行权日

行权是指激励对象根据股权激励计划的规定，行使权益。可行权日是指激励对象可以开始行权的日期，可行权日必须为交易日。

【举例】

中兴通讯（A 股代码：000063）2020 年 10 月发布的《中兴通讯股份有限公司 2020 年股票期权激励计划（草案）》中，对可行权日规定如下。

本计划的激励对象自授权日起满 1 年后方可开始行权。可行权日为交易日。但下列期间不得行权。

（1）定期报告公布前 30 日内，因特殊原因推迟年度报告、半年度报告公告日期的，自原预约公告日前 30 日起算，至公告前 1 日。

（2）公司业绩预告、业绩快报公告前 10 日内。

（3）自可能对公司股票及其衍生品种交易价格产生较大影响的重大事件发生之日或者进入决策程序之日，至依法披露后 2 个交易日内。

### 1.3.6　第 6 步：定考核

当达到什么条件时，激励对象才能获得奖励呢？要回答这个问题，就需要通过考核来实现。考核能够进一步促进公司建立健全长期激励与约束机制，充分调动公司激励对象的积极性与创造性，促进公司健康、持续、快速发展。

实施考核时，必须坚持公正、公平、公开的原则，严格按照考核评估规则对激励对象实施考核，将考核指标与公司的中长期发展战略、年度经营目标结合，与激励对象的关键工作业绩、工作能力和工作态度结合。

一般来说，董事会薪酬与考核委员会负责领导和审核对激励对象的考核工作。人力资源部在公司董事会薪酬与考核委员会的指导下负责具体考核执行工作，在此基础上形成绩效考核结果并提交公司董事会薪酬与考核委员会审核。人力资源部、财务部等相关部门负责个人绩效考核数据的归集和核实，并对相关数据的真实性和可靠性负责。

考核的具体目标应当是符合公司长远发展的业绩目标。考核一般应分成 2 个部分，分别是公司层面的业绩考核和个人层面的绩效考核。激励对象获得股权激励的条件是公司层面的业绩考核和个人层面的绩效考核同时达标。

【举例】

爱尔眼科（A 股代码：300015）在 2021 年的限制性股票激励计划中，实施考核管理分成 2 个部分：一部分是公司层面的业绩考核，一部分是个人层面的绩效考核。

在公司层面的业绩考核要求中，首次授予的限制性股票解除限售考核年度为 2021—2025 年 5 个会计年度。每个会计年度考核一次，各年度公司业绩考核目标如表 1-5 所示。

**表 1-5　各年度公司业绩考核目标**

| 解除限售期 | 业绩考核目标 |
|---|---|
| 第 1 个解除限售期 | 以 2020 年净利润为基数，2021 年净利润增长率不低于 20% |
| 第 2 个解除限售期 | 以 2020 年净利润为基数，2022 年净利润增长率不低于 40% |
| 第 3 个解除限售期 | 以 2020 年净利润为基数，2023 年净利润增长率不低于 60% |
| 第 4 个解除限售期 | 以 2020 年净利润为基数，2024 年净利润增长率不低于 80% |
| 第 5 个解除限售期 | 以 2020 年净利润为基数，2025 年净利润增长率不低于 100% |

注：上述"净利润"指标是以剔除本次及其他激励计划实施所产生的股份支付费用影响后的经审计合并利润表中的归属于上市公司股东的净利润为计算依据。

本激励计划预留授予的限制性股票各年度业绩考核目标如下。

（1）若预留部分在 2021 年授出，则预留授予的限制性股票的各年度业绩考核目标与首次授予部分保持一致。

（2）若预留部分在 2022 年授出，则解除限售考核年度为 2022—2025 年 4 个会计年度。每个会计年度考核一次，各年度公司业绩考核目标如表 1-6 所示。

**表 1-6　各年度公司业绩考核目标**

| 解除限售期 | 业绩考核目标 |
|---|---|
| 第 1 个解除限售期 | 以 2020 年净利润为基数，2022 年净利润增长率不低于 40% |
| 第 2 个解除限售期 | 以 2020 年净利润为基数，2023 年净利润增长率不低于 60% |
| 第 3 个解除限售期 | 以 2020 年净利润为基数，2024 年净利润增长率不低于 80% |
| 第 4 个解除限售期 | 以 2020 年净利润为基数，2025 年净利润增长率不低于 100% |

注：上述"净利润"指标是以剔除本次及其他激励计划实施所产生的股份支付费用影响后的经审计合并利润表中的归属于上市公司股东的净利润为计算依据。

若限制性股票的当期解除限售条件达成，则激励对象获授的限制性股票按照本计划规定解除限售。若当期解除限售条件未达成，则公司按照本计划的规定，按授予价格回购当期可解除限售部分限制性股票并注销。

在本激励计划有效期内的各年度，对所有激励对象进行考核。目前对个人层面绩效考核的结果共分 S/A/B/C/D 5 个档次。个人绩效考核结果与限制性股票限售额度关系如表 1-7 所示。

表 1–7　个人绩效考核结果与限制性股票限售额度关系

| 绩效考核结果 | 考核结果 | 限制性股票限售额度 |
|---|---|---|
| S | | |
| A | 考核达标 | 可按照激励计划规定比例分批次解除限售 |
| B | | |
| C | 考核不达标 | 取消激励对象获授限制性股票当期可解除限售额度 |
| D | | |

若公司未满足某一年度公司层面业绩考核目标，所有激励对象对应考核当年可解除限售的限制性股票均不得解除限售，由公司按授予价格回购注销。

若各年度公司层面业绩考核达标，且激励对象个人绩效考核达标，激励对象可按照本计划规定的比例分批次解除限售；若激励对象个人绩效考核不达标，该激励对象限制性股票均不得解除限售。激励对象考核当年不能解除限售的限制性股票，由公司按授予价格回购注销。

### 1.3.7　第 7 步：定规矩

没有规矩，不成方圆。规矩是相关人员应当遵守的行为准则，股权激励方案中同样应当有明确的规矩。除前文介绍的内容和辅助实施流程外，股权激励方案中的规矩还包括 2 个关键点，一是实施程序，二是公司和激励对象的权利义务关系。

#### 1. 实施程序

实施程序是股权激励计划实施的基本过程，它涵盖了实施股权激励计划前后的整个行动过程，是公司实施股权激励计划的行动依据。

【举例】

分众传媒（A 股代码：002027）2020 年 12 月发布的《分众传媒信息技术股份有限公司第二期员工持股计划（草案）》中，对实施员工持股计划履行的程序规定如下。

（1）公司董事会负责拟定员工持股计划草案。

（2）公司实施员工持股计划前，应通过职工代表大会等组织充分征求员工意见。

（3）董事会审议通过本员工持股计划草案，独立董事和监事会应当就本员工持股计划是否有利于公司的持续发展，是否存在损害公司及全体股东的利益，是否存在摊派、强行分配等方式强制员工参与本员工持股计划发表意见。

（4）董事会审议员工持股计划时，与员工持股计划有关联的董事应当回避表决。董事会在审议通过本员工持股计划草案后的 2 个交易日内公告董事会决议、员工持股计划草案摘要、独立董事意见、监事会意见等。

（5）公司聘请律师事务所、财务顾问对员工持股计划出具法律意见书及独立财务顾问报告，并在召开审议员工持股计划的股东大会前公告上述内容。

（6）召开股东大会审议员工持股计划。股东大会将采用现场投票与网络投票相结合的方式进行投票。员工持股计划涉及相关董事、股东的，相关董事、股东应当回避表决。本员工持股计划经出席股东大会有效表决权半数以上通过后方可实施。

（7）员工持股计划草案相关议案经股东大会审议通过后的次日公告股东大会决议及审议通过的员工持股计划相关文件。

（8）公司完成标的股票的购买或将标的股票过户至员工持股计划名下的 2 个交易日内，及时披露获得标的股票的时间、数量等情况。

（9）其他中国证监会、证券交易所规定需要履行的程序。

### 2. 权利义务关系

股权激励计划存在的目的既然是绑定公司和员工的利益，就应规定清楚实施过程中的权利义务关系。

【举例】

中兴通讯（A 股代码：000063）2020 年 10 月发布的《中兴通讯股份有限公司 2020 年股票期权激励计划（草案）》中，对于公司和激励对象的权利义务关系规定如下。

1.公司的权利与义务

（1）公司具有对本计划的解释和执行权，对激励对象进行绩效考核，并监督和审核激励对象是否具有继续行权的资格。

（2）公司承诺不为激励对象依本计划行使股票期权提供贷款以及其他任何形式的财务资助，包括为其贷款提供担保。

（3）公司应及时按照有关规定履行股票期权激励计划申报、信息披露等义务。

（4）公司应当根据股票期权激励计划及中国证监会、深交所、中国证券登记结算有限责任公司深圳分公司等的有关规定，积极配合满足行权条件的激励对象按规定行权。但若因中国证监会、深交所、中国证券登记结算有限责任公司深圳分公司的原因造成激励对象未能按自身意愿行权并给激励对象造成损失的，公司不承担责任。

（5）法律、法规规定的其他相关权利义务。

2.激励对象的权利与义务

（1）激励对象应当按公司所聘岗位的要求，勤勉尽责、恪守职业道德，为公司的发展做出应有贡献。

（2）激励对象可以选择行使期权或者不行使期权，在被授予的可行权额度内，自主决定行使期权的数量。

（3）激励对象有权且应当按照激励计划的规定行权，并按规定锁定股份。

（4）激励对象按照激励计划的规定行权的资金来源为激励对象自筹资金。

（5）在行权期内，激励对象可以分次行权，但是必须及时向公司提交《行权申请书》并准备好交割款项。

（6）激励对象获授的股票期权不得转让或用于担保或偿还债务。

（7）激励对象因激励计划获得的收益，应按国家税收法规交纳个人所得税及其他税费。

（8）法律、法规规定的其他相关权利义务。

### 1.3.8　第8步：定管控

有了前面一系列规则，谁来保证规则实施呢？这就需要股权激励方案的管理机构。股权激励方案的管理机构与公司的法人治理结构相对应。

在法人治理结构中，公司中有 4 个重要角色，分别是投资者、决策者、经营者和监督者。这 4 个重要角色分别对应着公司中的股东会 / 股东大会、董事会、核心管理层、监事会 / 独立董事。这 4 个重要角色在股权激励方案的管理机构中分别承担着相应的职责。

### 1. 股东会 / 股东大会

股东会 / 股东大会拥有公司的所有权，是公司的最高权力机构，负责审议批准股权激励方案的实施、变更和终止。股东大会可以在其权限范围内将与股权激励方案相关的部分事宜授权董事会办理。

### 2. 董事会

董事会由公司股东大会选举产生，对公司的发展目标和重大经营活动做决策，是股权激励方案的管理机构，负责管理股权激励方案的制定与修改。董事会下设的薪酬与考核委员会，负责拟定和修订股权激励方案并报董事会审议；董事会审议通过后，报股东大会审议。董事会可以在股东大会授权范围内办理股权激励方案的其他相关事宜。

### 3. 核心管理层

核心管理层由董事会聘任，是公司管理的执行机构，是股权激励方案的执行机构，负责保障股权激励方案的执行与实施。

### 4. 监事会 / 独立董事

监事会及独立董事起到监督的作用，是股权激励方案的监督机构，应当就股权激励方案是否有利于公司持续发展，是否存在明显损害公司及全体股东利益的情形发表意见。监事会对股权激励方案的实施是否符合相关法律、法规、规范性文件和证券交易所业务规则进行监督，并且负责审核激励对象的名单。独立董事就股权激励方案向所有股东征集委托投票权。

公司在股东大会审议通过股权激励方案前对其进行变更的，监事会、独立董事应当就变更后的方案是否有利于公司的持续发展，是否存在明显损害公司及全体股东利益的情形发表独立意见。

公司在向激励对象授出权益前，监事会、独立董事应当就本次股权激励方案设定的激励对象获授权益的条件发表明确意见。若公司向激励对象授出权益与本方案安排存在差异，监事会、独立董事（当激励对象发生变化时）应当同时发表明确意见。

激励对象在行使权益前，监事会、独立董事应当就股权激励方案设定的激励对象行使权益的条件是否成就发表明确意见。

第 2 章
股权架构设计

新东方的创始人曾说，创业的基础有两个，一个是团队，另一个是股权架构。团队的质量决定了创业公司能走多快，股权架构的质量决定了创业公司能走多远。好的股权架构是公司持续健康发展的重要保障。

## 2.1 股权架构设计关键

创业公司在设计股权架构时，有几个关键点需要特别注意。一是要注意股权架构设计的 9 个关键数字，把握住这些数字背后对应的权利义务关系；二是要注意股权架构设计的三大要素，把股权激励的时空问题考虑周全；三是要注意股权架构设计的四大角色，满足不同角色的需求。

### 2.1.1 股权架构的 9 条生命线

公司股权架构设计有 9 条生命线，这 9 条生命线分别代表着 9 种股东权益，是股权架构设计时要考虑的 9 个关键数字。有时候，虽然数量上只是少了 1% 的股权，但结果可能存在天壤之别。

#### 1. 67%（超 2/3）绝对控制权

当股权达到 67%（超 2/3）时，代表对公司有绝对控制权，有权修改公司章程，有权变更主营业务，拥有重大决策权。

根据《公司法》。

第四十三条　股东会的议事方式和表决程序，除本法有规定的外，由公司章程规定。

股东会会议作出修改公司章程、增加或者减少注册资本的决议，以及公司合并、分立、解散或者变更公司形式的决议，必须经代表三分之二以上表决权的股东通过。

（略）

第一百零三条  股东出席股东大会会议，所持每一股份有一表决权。但是，公司持有的本公司股份没有表决权。

股东大会作出决议，必须经出席会议的股东所持表决权过半数通过。但是，股东大会作出修改公司章程、增加或者减少注册资本的决议，以及公司合并、分立、解散或者变更公司形式的决议，必须经出席会议的股东所持表决权的三分之二以上通过。

（略）

第一百二十一条  上市公司在一年内购买、出售重大资产或者担保金额超过公司资产总额百分之三十的，应当由股东大会作出决议，并经出席会议的股东所持表决权的三分之二以上通过。

需要注意的是，《公司法》第四十二条规定：股东会会议由股东按照出资比例行使表决权；但是，公司章程另有规定的除外。也就是说，如果公司并非按出资比例行使表决权，则此时拥有 67% 的股份并非代表拥有公司的绝对控制权。

## 2. 51%（超 1/2）相对控制权

当股权达到 51%（超 1/2）时，代表对公司有相对控制权，有权决策公司的一般事项，有权聘请 / 解聘公司的总经理、独立董事、会计师事务所，有权选举董事。

根据《公司法》。

第一百零三条……股东大会作出决议，必须经出席会议的股东所持表决权过半数通过……

## 3. 34%（超 1/3）一票否决权

当股权达到 34%（超 1/3）时，代表有一票否决权，也可以理解为对公司有安全控制权，有权否决公司的重大决策。安全控制权是与绝对控制权相对应的一种权益。

需要注意的是，一票否决权否决的事项是与绝对控制权对应的事项，对于达到过半数股权的相对控制权能够决策的事项，一票否决权无法否决。

### 4. 30% 要约收购线

当通过证券交易所进行交易，持有一家上市公司的股权达到 30% 时，如果需要继续增加股份，应采取要约方式进行。30% 要约收购线适用于上市公司，不适用于有限责任公司和非上市公司。

根据《证券法》。

第六十五条　通过证券交易所的证券交易，投资者持有或者通过协议、其他安排与他人共同持有一个上市公司已发行的有表决权股份达到百分之三十时，继续进行收购的，应当依法向该上市公司所有股东发出收购上市公司全部或者部分股份的要约。

（略）

### 5. 20% 重大同业竞争警示线

当股权达到 20% 时，就不应当再从事同业或竞业，也不应拥有或实际控制同业竞争公司。20% 重大同业竞争警示线并没有法律依据，而是商业世界形成的一种普遍共识，主要是防止股东为了个人利益，为了赢得商业竞争，利用自身股权对竞业公司的经营决策产生重大影响。

### 6. 10% 临时会议权

当股权达到 10% 时，有权召开临时股东会议，有权对公司管理提出质询和进行调查。如果公司经营不善，继续经营可能会对股东产生重大损失的，股东有权提起诉讼，要求解散公司，发起清算。

根据《公司法》。

第三十九条　股东会会议分为定期会议和临时会议。

定期会议应当依照公司章程的规定按时召开。代表十分之一以上表决权的股东，三分之一以上的董事，监事会或者不设监事会的公司的监事提议召开临时会议的，应当召开临时会议。

第四十条　有限责任公司设立董事会的，股东会会议由董事会召集，董事长主持；董事长不能履行职务或者不履行职务的，由副董事长主持；副董事长不能履行职务或者不履行职务的，由半数以上董事共同推举一名董事主持。

有限责任公司不设董事会的，股东会会议由执行董事召集和主持。

董事会或者执行董事不能履行或者不履行召集股东会会议职责的，由监事会或者不设监事会的公司的监事召集和主持；监事会或者监事不召集和主持的，代表十分之一以上表决权的股东可以自行召集和主持。

（略）

第一百条　股东大会应当每年召开一次年会。有下列情形之一的，应当在两个月内召开临时股东大会：

（一）董事人数不足本法规定人数或者公司章程所定人数的三分之二时；

（二）公司未弥补的亏损达实收股本总额三分之一时；

（三）单独或者合计持有公司百分之十以上股份的股东请求时；

（四）董事会认为必要时；

（五）监事会提议召开时；

（六）公司章程规定的其他情形。

（略）

第一百一十条　董事会每年度至少召开两次会议，每次会议应当于会议召开十日前通知全体董事和监事。

代表十分之一以上表决权的股东、三分之一以上董事或者监事会，可以提议召开董事会临时会议。董事长应当自接到提议后十日内，召集和主持董事会会议。

（略）

第一百八十二条　公司经营管理发生严重困难，继续存续会使股东利益受到重大损失，通过其他途径不能解决的，持有公司全部股东表决权百分之十以上的股东，可以请求人民法院解散公司。

## 7.5% 重大股权变动警示线

持有上市公司股权达到 5% 时，如果股权发生变动，需要披露。

根据《证券法》。

第三十六条  依法发行的证券，《中华人民共和国公司法》和其他法律对其转让期限有限制性规定的，在限定的期限内不得转让。

上市公司持有百分之五以上股份的股东、实际控制人、董事、监事、高级管理人员，以及其他持有发行人首次公开发行前发行的股份或者上市公司向特定对象发行的股份的股东，转让其持有的本公司股份的，不得违反法律、行政法规和国务院证券监督管理机构关于持有期限、卖出时间、卖出数量、卖出方式、信息披露等规定，并应当遵守证券交易所的业务规则。

（略）

第四十四条  上市公司、股票在国务院批准的其他全国性证券交易场所交易的公司持有百分之五以上股份的股东、董事、监事、高级管理人员，将其持有的该公司的股票或者其他具有股权性质的证券在买入后六个月内卖出，或者在卖出后六个月内又买入，由此所得收益归该公司所有，公司董事会应当收回其所得收益。但是，证券公司因购入包销售后剩余股票而持有百分之五以上股份，以及有国务院证券监督管理机构规定的其他情形的除外。

前款所称董事、监事、高级管理人员、自然人股东持有的股票或者其他具有股权性质的证券，包括其配偶、父母、子女持有的及利用他人账户持有的股票或者其他具有股权性质的证券。

（略）

第五十一条  证券交易内幕信息的知情人包括：

（一）发行人及其董事、监事、高级管理人员；

（二）持有公司百分之五以上股份的股东及其董事、监事、高级管理人员，公司的实际控制人及其董事、监事、高级管理人员；

（略）

第八十条  发生可能对上市公司、股票在国务院批准的其他全国性证券交易场所交易的公司的股票交易价格产生较大影响的重大事件，投资者尚未得知时，公司应当立即将有关该重大事件的情况向国务院证券监督管理机构和证券交易场所报送临时报告，并予公告，说明事件的起因、目前的状态和可能产生的法律后果。

（略）

### 8.3% 临时提案权

单独或者合计持有公司 3% 以上股份的股东，可以在股东大会召开 10 日前提出临时提案并书面提交董事会。

根据《公司法》。

第一百零二条　（略）单独或者合计持有公司百分之三以上股份的股东，可以在股东大会召开十日前提出临时提案并书面提交董事会；董事会应当在收到提案后二日内通知其他股东，并将该临时提案提交股东大会审议。临时提案的内容应当属于股东大会职权范围，并有明确议题和具体决议事项。（略）

### 9.1% 代位诉讼权

当有限责任公司的董事、监事或高级管理人员有违规行为出现时，拥有超过 1% 股权的股东可以行使代位诉讼权。

根据《公司法》。

第一百五十一条　董事、高级管理人员有本法第一百四十九条规定的情形的，有限责任公司的股东、股份有限公司连续一百八十日以上单独或者合计持有公司百分之一以上股份的股东，可以书面请求监事会或者不设监事会的有限责任公司的监事向人民法院提起诉讼；监事有本法第一百四十九条规定的情形的，前述股东可以书面请求董事会或者不设董事会的有限责任公司的执行董事向人民法院提起诉讼。

监事会、不设监事会的有限责任公司的监事，或者董事会、执行董事收到前款规定的股东书面请求后拒绝提起诉讼，或者自收到请求之日起三十日内未提起诉讼，或者情况紧急、不立即提起诉讼将会使公司利益受到难以弥补的损害的，前款规定的股东有权为了公司的利益以自己的名义直接向人民法院提起诉讼。

（略）

### 2.1.2　股权架构三大要素设计

公司在设计股权架构时，要考虑三大要素，分别是时间、空间和资源。

#### 1. 时间

公司在设计股权架构时，要考虑时间要素——既要考虑过去，又要考虑未来。公司不能只根据过去的贡献或当下的需求来设计股权架构，还要考虑未来的需要。

#### 2. 空间

公司在设计股权架构时，要考虑空间要素——既要考虑公司过去和当下的发展状况，又要考虑公司未来发展壮大的可能性。

#### 3. 资源

公司在设计股权架构时，要考虑资源要素。公司的股权比例为 100%，这100% 就是在股权上所有可操作的资源，不能一下子把所有股权全部用掉，要为未来的发展预留一定比例的股权。

股权架构设计，就是一门平衡时间、空间和资源的艺术。如果当下把所有股份全部分掉，不考虑公司未来发展的需要，那么这样的股权架构设计必然是失败的。

【举例】

某公司创立 3 年，凭借着创始人拥有的高新技术发展非常迅速，员工队伍已经达到 500 人，产品在市场上有比较强的竞争力，很快占领了部分市场。公司创业发展的所有资金都来源于创始人，创始人拥有公司 100% 的股份。

然而随着发展，公司也遇到了一些瓶颈。

1. 未来方向问题

创始人带领技术团队研发出不少新产品，并取得了发明专利。这些产品都有非常大的市场潜力，但如果全面铺开，当前的生产管理跟不上，市场也有比较大的不确定性。如果不全面铺开，竞争对手可能在同类产品上投入生产，错过这个时机，公司原本拥有的专利技术优势可能荡然无存。未来该何去何从呢？

2. 内控管理问题

创始人虽然掌握核心技术，但一不懂生产，二不懂财务，三不懂管理。公司内控一片混乱，生产环节的成本居高不下，浪费严重，不良品率居高不下。就算技术在市场上领先，但如何将技术落实到生产环节？如何将技术优势转化为批量化的产品优势？如何保证持续稳定地输出新产品？这些问题还没有得到解决。

3. 市场开拓问题

除内控外，创始人还不懂市场。创始人创业成功的主要原因是当时的产品技术领先，在市场上是独一份儿，市场开拓很容易。但竞业迅速出现，近几年出现了不少同质化产品，当前产品在市场上已经不具备绝对优势。然而当前产品的市场空间还在，只是要靠营销让产品获得更大的市场份额，这就需要具备专业营销能力的人才来支持公司的市场开拓。

4. 人员管理问题

内控管理问题和市场开拓问题其实都可以通过聘用具备这方面能力的人才来解决。内控管理可以找职业经理人，市场开拓可以找具备市场资源的机构或有经验的营销总监。然而创始人不喜欢与人打交道，也不具备这方面的意识。当前创始人占股达 100%，但其管理能力和精力有限，管理层和员工都以打工者的心态工作，干劲儿不足。

5. 资金需求问题

之前公司的所有资金都来自创始人，但随着公司的发展，创始人已经没有资金可以再进行投入。加上自己缺少财务管理能力，资金筹措不善，创始人已经把自己的很多资产做了抵押贷款，不知道要到哪里去找更多资金维持公司发展。

这家公司的问题可以通过股权架构设计来解决。

### 1. 时间

创始人首先要确定公司未来的发展方向，确定未来一段时间到底是聚集当下产品的市场拓展，还是开发新产品。创始人可以通过市场调研来帮助自己做出决策，这类决策有专业的决策模型。这部分内容非本书内容范围，这里不展开叙述。

### 2. 空间

该公司当前的内控管理问题、市场开拓问题和人员管理问题全部可以通过吸引、任用和留住核心人才，对核心人才实施股权激励的方式解决，让核心人才的能力范围与创始人的能力范围形成互补。创始人可以专心做好技术，掌握公司控制权的同时，解决公司的经营管理问题。

### 3. 资源

创始人可以拿出一部分股份资源用于融资，并根据公司未来的发展规划设计多轮股权融资规划。股权融资不仅可以使公司获得资金，还可以使公司通过融资间接获得资金提供人的资源，把资金提供人和公司绑定在一起。

## 2.1.3　股权架构四大角色比例

公司要做好股权架构设计，就要定位好公司适合被分配股权的角色，以及这些角色适合的持股比例。一般来说，公司中适合被分配股权的角色可以分成4类，分别是创始人/联合创始人、业务经营者、资源提供者和资金提供者。

### 1. 创始人/联合创始人

创始人是公司成立时的一把手，是公司的核心人物。联合创始人是公司的创业元老，是最早和创始人一起创业的人。

对创始人/联合创始人来说，公司就像是自己养育的孩子。他们看着公司一步步发展壮大，就像是看着孩子一天天长大，代表自己的努力有了着落。对公司的起落兴衰，创始人 / 联合创始人是最有发言权的人，是最希望公司健康、稳定、持续发展的人。

在设计股权架构时，创始人 / 联合创始人的股权比例一般应控制在 51% 及以上，这样能够保持自己对公司经营的控制权。

如果公司的业务模式比较简单，经营非常成熟，没有较高的外部资源或资金需求，此时创始人 / 联合创始人的股权比例可达到 67%。

在公司初创期，创始人 / 联合创始人的股权比例达到 100% 也是正常的。但随着公司规模不断扩大，从健康有序经营的角度考虑，公司发展到一定时期后，这个比例不适合过高，否则可能会导致公司后续成长动力不足。通常来说，这一比例应控制在 70% 以内。

另外，创始人 / 联合创始人毕竟是不同的人，现实中常常出现创始人与联合创始人之间为了股权相互争斗的情况；也常常出现创始人和联合创始人的意见不合，因为创始人自身的股权比例没有达到 51% 及以上，所以无法对公司事务做出决策的情况。要应对这些情况，我们可以考虑让创始人所持的股权比例在 51% 及以上，创始人和联合创始人的股权比例总和在 67% 及以上。

### 2. 业务经营者

业务经营者是保证公司稳步有序运营发展并保持市场竞争力的人才，包括高级管理人才和核心技术人才。

创始人 / 联合创始人的能力再强，也不可能面面俱到。公司发展需要各式各样的关键人才，要吸引、留住这些人才，就要把这些人才的利益与公司利益进行绑定。

股权正是绑定公司利益和人才利益的有效工具。公司给业务经营者的股权比例可以控制在 20% ～ 30%。公司的规模越大，人才越多，业务越复杂，人才能力对绩效的影响越大，越需要扩大业务经营者的股权比例。

### 3. 资源提供者

公司进行业务拓展免不了需要一些资源，这些资源也许只掌握在少数人或少数机构手里。如何激励这些人或这些机构将资源与公司关联？向这些人或机构提供股权就是一种比较有效的方法。

资源提供者应当获得公司多少股权呢？经验数据是不超过5%。一般来说，资源的作用是让公司更好地发展，主要目的是锦上添花。如果公司发展遇到瓶颈或困难，没有某类资源将难以为继，就可以视具体情况提高资源提供者的持股比例。实际上，雪中送炭式的资源可以与业务经营者归为一类。

### 4. 资金提供者

公司的发展需要资金支持，公司获取资金的方式主要有2种，一种是股权融资，另一种是债权融资。公司的估值和股权是换取资金的筹码。

公司要想运用股权融资换取尽可能多的资金，首先要有足够高的估值，其次要有足够多的股权。公司的估值越高，相同比例股份运用股权融资能够融得的资金额就越高。

市场上不乏资金提供者，这些人或机构手握大量资金，到处找优质项目入股投资，期望通过入股获得公司一定的所有权（股权），以期在未来获取更高的价值收益。

公司用来做股权融资的股份比例应该设置为多少呢？经验数据是不超过20%。这里主要参照的是重大同业竞争警示线。因为不排除竞争对手为了阻碍公司发展，以股权融资的名义收购公司股份，从而对公司决策产生重大影响的情况。

四大角色股权架构的比例参考如表2-1所示。

表2-1　四大角色股权架构的比例参考

| 类别 | 持股比例 | 推荐比例 |
| --- | --- | --- |
| 创始人<br>联合创始人 | 51%～70% | 51% |
| 业务经营者 | 20%～30% | 25% |
| 资源提供者 | 0～5% | 5% |
| 资金提供者 | 0～20% | 19% |

需要注意的是，不同角色的股权比例结构是在公司发展过程中逐步形成的，而非在公司成立初期一蹴而就的，但这不代表公司在成立初期就不需要关注股权架构比例。

公司在成立之初，应提前规划未来的发展方向和股权比例，提前规划未来股权架构比例的可能走向，为不同角色预留出股权。

## 2.2　股权融资结构设计规划

公司常见的融资方式有 2 种，一种是股权融资，一种是债权融资。债权融资往往需要有抵押物。股权融资不需要抵押物，是公司通过出卖股权来获得资金的融资方式。股权融资的本质，是通过出卖公司的所有权来换取资金。

### 2.2.1　股权融资轮次规划

公司在首次股权融资前，就要想到未来可能进行的融资轮次。股权融资的轮次可以分成 4 个阶段，分别是种子轮、天使轮、ABC 轮、IPO。公司的发展可以分成初创期、发展期、扩张期、成熟期，这 4 个时期恰好对应股权融资轮次的 4 个阶段。

#### 1. 种子轮

种子轮股权融资通常发生在公司还未成立前或业务还未开始前。这时候创始人可能只是基于一个想法，基于一套商业逻辑，拥有一定资源，具备某类技术或知识产权，开发出某个产品，具备组起一支团队投入运营的能力等，就可能有人愿意为此投资获得股权。

种子轮的股权融资往往是比较难的，难在信任问题。这时候公司事业没有正式开始，不确定性较大，通常只能吸引对创始人比较信任的亲戚朋友入股。在种子轮能否吸引投资者，主要取决于创始人当前的想法、商业逻辑、资源、技术、知识产权、产品、团队或运营等是否具备足够的说服力。

## 2. 天使轮

天使轮股权融资通常发生在公司成立后不久。这时候公司通常已经具备MVP（Minimum Viable Product，最小可行性产品），已经有能够跑通的商业模式，已经有一定的盈利进账，已经有证明公司未来可能持续长远发展的证据。

虽然市场上有不少天使投资人，天使轮股权融资相对种子轮更容易，但相比公司规模做大后的股权融资则较难。这时候事业虽然已经开始，但由于规模较小，MVP也许仅是得以证实，商业模式也许只是刚刚跑通，未来具有比较大的不确定性。

## 3. ABC 轮

第3阶段的ABC轮并非一轮（一次）融资，而是多轮融资。当公司经历了初创期和发展期，用户群已经初具规模，产品已经趋于稳定，在市场上已经具备一定的影响力。这时公司的发展会进入扩张期，资金需求可能越来越多，将会开始A轮、B轮、C轮、D轮、E轮等阶段的融资。

市场上的VC（Venture Capital，风险投资）和PE（Private Equity，私募股权投资）多数会在公司的这个阶段进场融资，因为在这个阶段，已经有相对充足的数据证明公司当前发展的实力和未来发展的潜力。一般认为，A轮是正式股权融资的第1轮，B轮是第2轮，C轮是第3轮……以此类推。

这个阶段具体会进行几轮融资，要看公司的业务发展规划和业务进展情况。好的股权融资结构设计和规划，重点就是对这个阶段的轮次、股权比例和融资金额进行规划。

如果规划不当，没有考虑给未来留有余地，可能到了业务壮大、急需资金扩张发展时，出现没有足够股份可以用来做股权融资的情况。

出于公司未来长远发展的资金需求角度考虑，一般来说，公司应规划较多轮次的融资，保留一定比例的股权，为未来的资金需求做好充足的准备。

### 4. IPO

IPO（Initial Public Offering）指首次公开募股，代表公司第 1 次将其股份向公众出售。IPO 之后，这家公司可以到证券交易所挂牌交易。

实施 IPO 的公司必须是股份有限公司。如果一家公司是有限责任公司，在做 IPO 之前，首先要做"股改"，变更为股份有限公司。

## 2.2.2　股权融资比例规划

在股权融资中，股权比例的规划与分配非常重要，因为股权比例的总和是100%，这 100% 的股权比例是不可再生资源。股权融资就像挤牙膏，挤着挤着就没了，所以公司要省着用，要规划着用，不能一下子全挤出来，不然以后就没得用了。如果在公司估值较低时过度运用股权融资，到了公司估值较高时，可用的股权较少，公司将融不到更多资金。

股权融资结构设计的整体规划，就是股权融资的轮次规划 + 股权比例规划 + 融资金额规划。

### 1. 融资轮次规划

融资轮次规划的原理和方式在上节中已经提到。融资轮次规划的本质是对未来公司发展的规划预期。在正常经营发展状态下，公司的估值将会越来越高，所以相同比例的股权在未来运用股权融资能够融到的资金往往更多。

对于公司来说，在估值较低的时候，大举运用股权融资往往是不经济的。股权比例是稀缺的，在公司估值较低的时候应尽量采取其他融资方式，珍惜股权。

【举例】

某公司当前估值 1000 万元，这代表每 1% 的股权能够融资 10 万元。

该公司发展几年后，估值达到 1 亿元，每 1% 的股权能够融资 100 万元。

该公司继续发展壮大，估值达到 10 亿元，此时每 1% 的股权能够融资1000 万元。

相同比例的股权，公司估值的翻倍带来融资金额的翻倍。

公司在准备开始运用股权融资时，要根据公司的发展规划设计股权融资可能的轮次。一般来说，规划的轮次要比预想的轮次多 2 轮或 2 轮以上，且在最初的轮次用较低的股权比例。这样做可以给公司留有余地。

**【举例】**

某公司当前估值 5000 万元，计划在未来 10 年规模扩大 10 倍，业绩增长 10 倍。公司处在快速发展期，资金需求较大，当前需要一笔 100 万元左右的资金，想通过股权融资来获得。要实现股权融资，公司需要拿出 2% 的股份。

该公司要实现"未来 10 年规模扩大 10 倍，业绩增长 10 倍"的目标，可以细分成 4 个阶段，预计每个阶段都会有更大的资金需求。如果每一次资金需求都需要进行股权融资，那么该公司可以规划 6 次股权融资轮次，每次消耗的股权比例分别为 2%、2%、2%、2%、5%、5%。

如果该公司实际的资金需求与规划相同，实施了 4 轮股权融资，那么消耗公司的股权比例为 8%（2%+2%+2%+2%），余下的股权比例得以保留。

如果公司实际的资金需求超过规划的 4 次，到第 5 次股权融资的时候，公司除了可以按照规划用 5% 的股权融资外，也可以视资金需求情况，用更少的股权比例来融资，还可以根据当时情况，重新规划更多轮的股权融资。

如果重新规划更多轮的股权融资，此时还有 10%（5%+5%）的股权比例未应用，按照之前 4 轮每轮 2% 的股权融资比例，公司还可以新增 5 轮股权融资。

## 2.股权比例规划

用来做股权融资的股权比例，一般应控制在 19% 以内。这部分对应着前文提到的资金提供者可以获得的股权比例。如果这部分的股权比例较多，必然会挤占其他股权的数量。

如果挤占创始人 / 联合创始人的股权比例，可能会让创始股东失去对公司的控制权。如果挤占业务经营者的股权比例，可能会降低对业务经营者的激励效果，影响公司日常的经营发展。如果挤占资源提供者的股权比例，可能会让公司难以获得想要的资源。

### 3. 融资金额规划

在 ABC 轮融资中，公司的估值和用来做股权激励的股权比例决定了股权融资的金额。计算公式为：股权融资金额 = 估值 × 用来融资的股权比例。公司的估值越高，用于融资的股权比例越高，采取股权融资可以获得的资金额就越多。

但公司的股权比例是有限的，一味通过扩大用于融资的股权比例来增加股权融资金额显然是不明智的。所以为了最大化股权融资的资金额，最好的办法是在公司估值较高时再进行股权融资。

### 2.2.3 股权融资设计案例

某创业公司成立 2 年，经营状况良好，团队士气高涨，当前估值 3000 万元。公司近期发展急需 90 万元资金，可苦于没有好的融资渠道，于是创始团队期望通过股权融资的方式获得资金。

创业团队思考了未来 10 年大致的发展路径，总结出包括当前在内的 3 个关键阶段。这 3 个关键阶段公司都有一定的资金需求，而且发展规模越大，资金需求越大。

经过股权融资规划设计，创业团队决定规划出 5 轮股权融资，用于融资的股权比例总计 19%，分成 A、B、C、D、E 这 5 个轮次。每个轮次的股权比例分别为 3%、3%、3%、5%、5%。在当前 A 轮 3000 万元估值的基础上，未来 B、C、D、E 轮的估值预计将逐渐增加，从而可以让每一轮的融资金额逐步增加。

股权融资规划结构如表 2-2 所示。

表 2-2 股权融资规划结构

| 类别 | A 轮 | B 轮 | C 轮 | D 轮 | E 轮 |
| --- | --- | --- | --- | --- | --- |
| 估值 | 3000 万元 | 5000 万元 | 1 亿元 | 2 亿元 | 3 亿元 |
| 股权比例 | 3% | 3% | 3% | 5% | 5% |
| 融资金额 | 90 万元 | 150 万元 | 300 万元 | 1000 万元 | 1500 万元 |

6 年后，公司按照之前规划的股权融资进度进行，已经度过了自身发展的 3

个关键阶段。形成一定规模后，公司到了新的发展阶段，未来仍有更多的关键节点，仍有更多的资金需求，就这样公司来到了D轮融资的前夕。

此时公司估值达到2亿元，已经消耗了9%的股权比例做股权融资。考虑到未来的发展需求，该公司没有马上启动D轮融资。针对原计划中D轮和E轮的股权比例，该公司准备从长计议，重新规划。

创业团队重新梳理了公司的发展脉络，根据过去的发展经验和未来的预期，提出了新的10年发展规划。在新的10年发展规划中，同样存在3个新的关键阶段，每个阶段都有一定的资金需求。

为此，创业团队重新制定了新的股权融资规划设计，新增了3轮股权融资，用于融资的股权比例总计10%，分成D、E、F、G、H这5个轮次。每个轮次的股权比例分别为2%、2%、2%、2%、2%。

新的股权融资规划结构如表2-3所示。

表2-3　新的股权融资规划结构

| 类别 | D轮 | E轮 | F轮 | G轮 | H轮 |
| --- | --- | --- | --- | --- | --- |
| 估值 | 2亿元 | 3亿元 | 5亿元 | 8亿元 | 10亿元 |
| 股权比例 | 2% | 2% | 2% | 2% | 2% |
| 融资金额 | 400万元 | 600万元 | 1000万元 | 1600万元 | 2000万元 |

该公司股权融资规划的设计相对比较优秀，值得借鉴，其可借鉴处主要体现在以下2个方面。

## 1. 提前规划

该公司不论是对自身业务的发展，还是对用于融资的股权比例消耗，都有提前的规划，而且能够把业务发展阶段和股权比例联系在一起。

## 2. 留有余地

该公司不仅对融资轮次的规划留有余地，而且对股权比例留有余地，从而能有效避免需要股权融资时，却没有实施空间的局面。

## 2.3　不同公司股权架构设计

股权架构设计最好在一开始做对，不然可能会产生一系列问题。处在不同阶段的公司有不同的需求，设计股权架构时既要考虑当前的需求，也要考虑未来的需求，既要考虑资金方面的需求，也要考虑人才方面的需求。

### 2.3.1　两三个股东创业如何设计股权

两三个股东创业时，最好不要平分股权。平分股权容易造成股东意见不一致，决策停滞不前、无法推进的情况。也就是当两个股东创业时，不要采取各50%的股权比例设计；3个股东创业时，不要采取各1/3的股权比例设计。

两个股东创业，一定要有一个股东占主导地位，也就是占股要超过50%。当两个人意见不合时，可以以股权多的股东的意见为准。

3个股东创业，也要有一个股东占主导地位。这里的占主导地位不代表这个股东的股权比例达到34%，另外两个股东的股权比例各33%就可以，而是占主导地位股东的股权比例也要超过50%。否则，占34%股权的股东和另外两个占33%股权的股东意见不合时，两个股东占33%股权的股东就可以联合起来抵制那个占34%股权的股东。

新东方的创始人曾经在长江商学院分享自己创业之初的股权分配，他表达的核心观点内容如下。

新东方最初合伙创业的时候，想法很简单，既然3个人合伙，那就每人33%（约1/3）的股份。股份平分，是为了有钱我们一起赚。1年之后，我就发现这样不行，因为有人干得多，有人干得少。怎么办呢？我们后来运用一套考评机制，来说明合伙人及合伙人之外的员工业绩。

刚开始的时候，我们采取"包产到户"的模式。王强做口语，徐小平做出国咨询，我做考试，根据各自负责的业务分钱。虽然都在新东方的公司下，但我拿我负责业务赚的钱，他拿他负责业务赚的钱。这个阶段还属于比较松散的合伙制，后来由这种松散的合伙制向股份制转变的过程中，出了不少问题。

新东方最初的股权架构没有考虑发展性，出现新业务之后，不知道该算谁的，不知道该归谁管，不知道该怎么分利益。例如在新的城市开的分公司怎么算？新成立的图书出版公司怎么算？新成立的远程教育公司算谁的？要解决这些问题，必须做股份制改革。

新东方做股份制改革的时候，每个人为自己应该占多少股份都花了不少力气。最后划定的原始股股东有11个人。原理上，是按照每个人过去在各个业务领域的贡献来划分股权比例。但谁贡献大，谁贡献小，很多时候是说不清楚的，这时就免不了博弈。

可股份制改革之后，也出现了很多问题，主要问题集中在谁应该负责哪块业务，谁应该担任什么职位上。我是新东方的主要创始人，对于我当总裁，大家没有太大争议。但对于谁担任第一副总裁，谁担任第二副总裁，徐小平和王强之间就很难达成共识。

在确立股份制的时候，我被分到了55%的股份。当时我多了个心眼，拿出了10%作为我代持的，为的是激励新东方的后来人。新东方的未来发展需要新的人才，这部分股份就是为后来人留的。

其实新东方在股份改制之前，100%的股份都是我的。分股份的时候，新东方有1亿元人民币的净资产，这些都是我的投入，别人没有投过钱。按理说，分股份的时候，分得股份的人要给我钱。例如有人拿10%的股份，那应该给我1000万元。用净资产来计算原始股的股价很正常。但当时公司的小股东联合抵制这种做法，和我说要么给股份，要么他们就离开。为了留住和激励这些人，我就把股份送出去了。

分完股份之后，还出现了利润分配的矛盾。以前新东方赚的利润，大家可以拿回去，只有我一个人在往里投资。现在成立了股份公司，一来要按股份分红，二来不能把利润全部用来分红，要在公司里留存一部分用来发展。很多人每年赚到的钱比以前少了，这时候大家都表现出强烈的不满，希望每年可以分到更多的利润。但公司要发展，利润一定要有所保留。

之后有人对此表示不满，觉得新东方的股份不值钱。我说如果觉得股份不值钱，可以把它还给我。他们说要还股份可以，但要我出钱买回去。按照原来净资产 1 亿元计算，如果我要买 10% 的股份，就要出 1000 万元。后来这些想卖股份的人又反悔了。

公司上市后，为了鼓励新加入的人才，我们设置了股份增发机制。新东方对第 2 管理梯队的股权激励，几乎都是当初我留下那 10% 的股份招来的。之后我们又设计了一整套针对未来管理者的期权激励计划，优秀人才每年可以得到新东方的期权。

合伙创业，一开始一定要设置好股权分配比例，而且要考虑公司未来的发展空间，设置好股份增发机制。有了增发机制，那些原来股份多，但是对公司贡献少的人，股份所占的比例会被稀释；那些原来股份少，但每年持续对公司做出贡献的人，股份所占的比例会逐年增加。有了这样一套机制，对公司贡献大的人会逐渐掌握公司的控制权和话语权。

### 2.3.2　4 个及以上股东如何设计股权

当存在 4 个及以上股东创业分配股权时，最好选择一个核心人物。这个核心人物的股权应占主导地位。如果创业之初各股东间的股权比例近似，那么股东人数越多，管理越复杂，内耗越严重，决策效率越低。

与 3 个股东创业时的股权比例设置类似，4 个及以上股东在设计股权时，同样应有一个人的股份占多数。这个人的股权比例往往应在 51% 以上。除此之外，4 个及以上股东在创业之初，一定要定位好各自的角色，要在合伙创业之前多问"为什么"。

这里的"为什么"主要可以从 4 个方面考量。

#### 1. 资金方面

多人合伙创业是因为缺资金吗？除了找更多人合伙外，难道就没有更优的资金获取方式吗？创业团队中哪些人的价值只是提供资金，无法提供必要的资源、技术、管理等公司发展的核心需求？有必要为了资金，让这类人成为创业团队的一员吗？

### 2. 资源方面

多人合伙创业是因为缺资源吗？哪些人是因为掌握核心资源才被考虑纳入创业团队的？这些资源是公司难以获取的吗？公司获取这些资源的难度有多大？有没有可能通过资金置换来获取这些资源？这些资源有没有持续性？是否具备消耗性？

### 3. 技术方面

多人合伙创业是因为缺技术吗？哪些人是因为掌握核心技术才被考虑纳入创业团队的？这些技术具备市场竞争力吗？技术壁垒高吗？技术领先性能持续多久？掌握技术的人有创新意识和进取心吗？有没有可能通过资金来换取这些技术？

### 4. 角色方面

多人合伙创业，每个合伙人在公司中的角色是什么呢？每个人的功能或职责是怎样的呢？这些人的工作态度如何？业务能力如何？过往的绩效如何？有可能不需要股权或用更少的股权吸引到更优质的人才吗？

小米的创始人曾经在节目上谈起初创公司的股权分配问题，他表达的核心观点内容如下。

股权分不好，公司未来发展遇到的困难将非常多。我读大学的时候，被别人拉去创业，4 个人一起干，每个人的股权比例是 25%。创业之初的 6 个月内，我们选了两次董事长、总经理。

有一次有个公司的几个合伙人来见我，我一看这些人的名片，全是 CEO，后来了解才知道这家公司也是 4 个人创业，每个人的股权比例是 25%。这时候问题就来了，这家公司，谁负责？谁说了算呢？

两个人合伙开公司，常常会用一人一半的股权分配方法，也就是每个人拥有 50% 的股权。这种分法其实谈不上一定不好，只是从实践角度来看，这种股权分配方法国内做成的公司比较少。

两个人平分股权的好处是任何利益可以平分，不需要讲贡献，不需要谈制衡；坏处是两个人在原则性问题上出现争执的时候，没有人可以调节。平分股权最大的问题，就是当意见有分歧的时候，不知道该听谁的，所以在创业之初，就要把这个问题考虑清楚。

但是，3 个人或 4 个人一起创业的时候，如果股权比例都相同，那这个公司基本没戏，这一点就像 3 个和尚没水喝的故事。多人一起创业，一定要有一个人的股权比例占主导地位，这样才能在创业小组当中有领导力和话语权。

除了创业之初的股权比例问题外，实践中还常常出现创业之初在分工协作与绩效贡献评价方面的问题。

很多人在创业之初，只是几个人稀里糊涂地凑在一起，觉得某项业务可行就直接合伙创业了。也许一起创业的人是自己的亲朋好友，一开始觉得彼此信任，一起搭个伙创业，可以共同出力，还能减少失败后的金钱损失。

创业之初没有事先考虑每个人的分工，没有事先考虑评价每个人的实际贡献，没有事先考虑公司做大之后的管理决策和利益分配问题。结果就可能出现公司发展到一定程度后，大家为了股权问题争吵不休的情况。

### 2.3.3　快速发展期公司如何设计股权

快速发展期的公司如何设计股权？可以参照投资人比较喜欢和不太喜欢的股权比例状况。投资人选择投资某家公司的理由有很多，可能是看好公司所在的行业发展，可能是看好公司在行业中的市场地位，可能是看好公司创业团队的运营管理能力；但如果存在以下几种情况，不论在其他方面如何看好，投资人大多不会投。

#### 1. 创始人 / 联合创始人总和股权比例过低

一般来说，当创始人 / 联合创始人的总和股权比例低于 10% 时，代表已经失去对公司的控制权。创始人 / 联合创始人是最了解这家公司的人，如果不掌握公司的控制权，公司的发展很可能会走偏。

## 2. 创始人 / 联合创始人总和股权比例过高

虽然创始人 / 联合创始人的总和股权比例过低并非投资人喜欢的股权比例状态，但总和股权比例过高也不一定是优质的状态。例如某公司创始人持股比例达到 95%，且十分珍惜自己的股份，一点都不愿放弃股份换取公司未来的发展或拿出股份吸引核心人才。这种情况下创始人虽然拥有对公司的绝对控制权，但很容易成为孤家寡人，有能力的核心人才会很快流失。

## 3. 股权分配比较平均，没有一股独大

当公司的股权分配比较平均，没有一股独大的时候，代表公司没有主心骨，没有能够率领公司披荆斩棘的核心人物。即使有这类人物，但因为其没有掌握足够多的股权，往往在公司没有实质的话语权。

公司上市前，投资人比较看好的股权架构通常呈现如下特点。

## 1. 创始人股权占比 51% 以上

例如某公司创始人只有一个，话语权比较集中，且创始人的股权比例在51% 及以上；或者公司有联合创始人，创始人和联合创始人的股权占比合计在51% 及以上，且联合创始人明确授意一切决策以创始人的意见为准，这样公司的决策会比较迅速，管理效率比较高。

## 2. 核心人才股权占比 20% 以上

公司可以靠一个人创立，但不可能靠一个人壮大。尤其是未来会走向上市的公司，必须有专业的人才队伍支持公司的发展。如果当下核心人才占股达到20% 以上，说明公司有不需要创始人施加过多精力而自我驱动的能力。

## 3. 期权股份占比 10% 以上

当公司预留了部分股份，设置了股票期权池，或有股票期权增发的相应规则体系，说明这家公司懂得在股权分配上留有余地，懂得在一定程度上考虑公

司未来长远的发展。

### 2.3.4 上市 / 拟上市公司如何设计股权

上市 / 拟上市公司在股份数量比例方面的设置思路可参考本节前文的内容。除股份数量比例的设置外，上市 / 拟上市公司在持股方式上与非上市公司有所不同。按照前文所述，上市 / 拟上市公司的持股方式似乎应如图 2-1 所示。

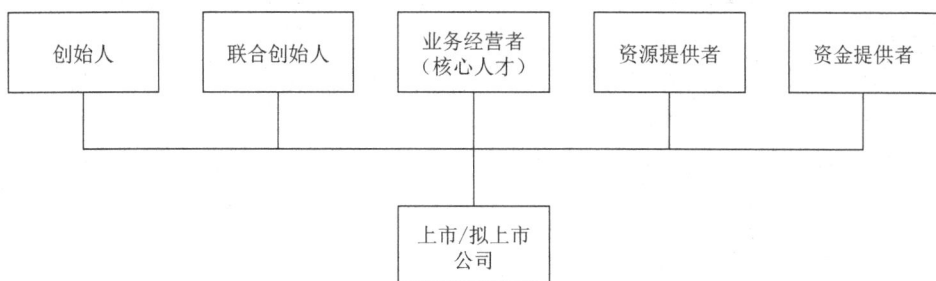

图 2-1  上市 / 拟上市公司看似应有的持股方式

这也是早期很多上市 / 拟上市公司采取的持股方式，然而实践中这种持股方式出现了很多问题。上市 / 拟上市公司理想的持股方式是通过控股公司持有上市 / 拟上市公司的股份，自然人持有控股公司的股份，而非自然人直接持有上市 / 拟上市公司的股份，如图 2-2 所示。

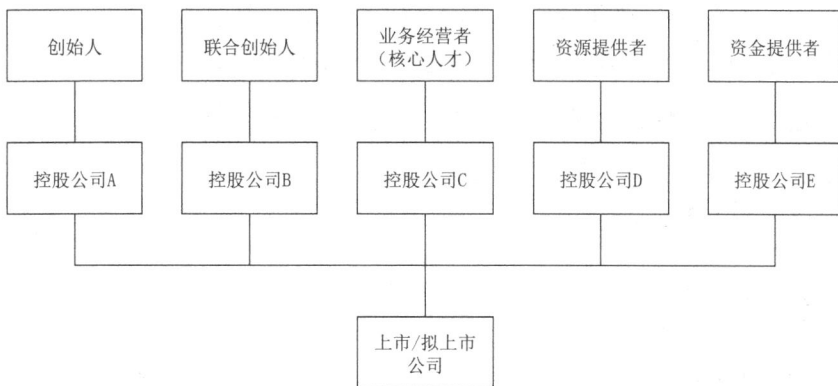

图 2-2  上市 / 拟上市公司理想的持股方式

这种持股方式有什么好处呢?

### 1. 剥离非优质资产

当公司业务范围较广,有多条业务线时,公司可以把上市/拟上市的业务单独剥离出来,作为上市/拟上市的资产,把当前不成熟的业务安放在另外的公司中。也就是说,创始人除了控制控股公司 A 之外,还可以控股其他公司。

实际上,创始人对控股公司 A 的控制,也可以通过直接控股投资公司,用投资公司控制控股公司 A 的方式实现。图 2-3 所示为创始人可选的控股方式示意图。

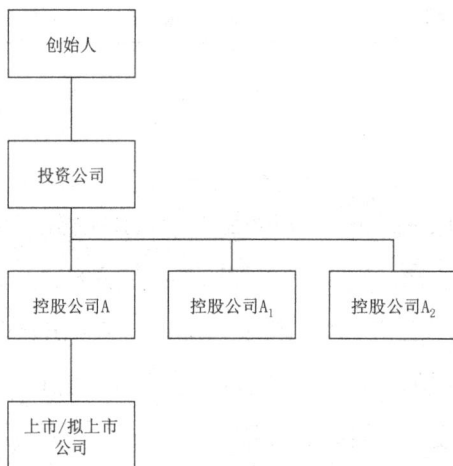

**图 2-3　创始人可选的控股方式示意图**

图 2-3 中的控股公司 $A_1$ 和控股公司 $A_2$ 分别代表创始人实际控制的非上市资产。这些资产对应的业务还不成熟,当前不适合与上市公司关联。当这些业务发展壮大,成为优质资产后,可以将其注入上市公司的业务中,也可以作为独立的上市公司单独上市。

### 2. 稳定股权架构

当把个人直接持有上市公司股份变为个人持有控股公司股份,再由控股公司持有上市公司股份后,股权架构会更加稳定。尤其是在不同的控股公司中,有联合创始人或业务经营者掌控主要股份时，能有效管理股权架构。

例如有 20 个联合创始人同时持有控股公司 B 的股份，创始人也持有控股公司 B 的股份，且占股比例为 51%。这时候创始人就可以实际掌控控股公司 B，掌握对联合创始人股权的管理。

### 3. 便于股权调整

股份公司的股权调整比较复杂，相比之下，股份公司的控股公司内部的股权调整就比较灵活。在公司发展的不同时期，每个人对公司的价值都是不同的。对于支持公司发展的业务经营者来说，按照股权激励的基本逻辑，优秀人才应当拥有更多股权，这就需要公司定期根据业绩和贡献情况对人才的股份进行调整。这时候，在控股公司内部做股权调整就比直接在上市 / 拟上市公司层面做调整更加合理。

### 4. 更灵活的财务管理

这种持股方式可以让财务管理更加灵活。例如控股公司达到一定规模之后，可以发行公司债，可以通过股权质押获得融资，降低融资的难度和成本。融资后控股公司可以发展新兴业务，也可以对上市公司做市值管理。

这种持股方式就没有坏处吗？也有，但总体而言好处大于坏处，主要的坏处有以下 3 点。

### 1. 缴税更多

拆分成不同的公司，以公司形式持股，需要缴纳的税款更多。但与这种持股模式潜在的获益相比，多缴的税款往往可以忽略不计。

### 2. 股票难交易和变现

事物都有两面性，这种持股方式的优点是股份比较稳定，而缺点也源自稳定，即相较于直接持有上市 / 拟上市公司股票的情况，这种持股方式的股票较难交易和变现。

### 3. 管理成本高

上市公司对人员任职有相关规定，在上市公司任职的人员很多时候无法在其他控股公司中任职。因而这种持股方式下公司需要更多的人才，相应地，管理成本也比较高。

## 【前沿认知】投资人青睐何种商业模式

公司要赚钱，就一定要有商业模式。所谓商业模式，就是通过一系列行动，最后获得收益的模式。商业模式最关键的，是要在逻辑上形成闭环。

聪明的投资人在决定投资一家公司之前，一定会先看这家公司的商业模式。如果商业模式有问题，就算这家公司所在的行业前景再好，目前经营业绩再红火，聪明的投资人也可能无动于衷。

什么样的商业模式容易得到投资人的青睐呢？投资人青睐的商业模式通常具备三大特点，分别是可行性、可持续性和可扩张性。

### 1. 可行性

商业模式是要遵循逻辑的，即有基本的盈利模型，能实现盈利。用大白话讲，就是这件事要办得成，这条路要走得通，这个生意要能赚钱。

### 2. 可持续性

商业模式的逻辑应可以持续运行，不能只获利一次或几次。用大白话讲，就是这件事要在很长一段时间内持续办得成，这条路要一直走得通，这个生意要持续能赚钱。

### 3. 可扩张性

商业模式要具备随着投入扩大而产出同比例扩大的特点。用大白话讲，就是当投入更多的时候，这件事能够越做越久，这条路能够越走越宽，这个生意能越来越赚钱。

当一个商业模式能够同时具备这三大特点，它就是一个非常优质的商业模式。当一个商业模式能够同时具备可行性和可持续性这 2 个特点，但可扩张性不足时，有时候也可以算一个较好的商业模式。当一个商业模式不具备可行性或可持续性的特点时，通常是不好的商业模式。

阿里巴巴公司为什么能受到很多投资人的青睐？

### 1. 可行性

阿里巴巴公司的核心产品是淘宝和天猫，这 2 个产品是通过构建线上购物平台，来实现连接商家和顾客，满足二者的供需的。商家可以在平台上售卖商品，顾客可以在平台上购买商品。

### 2. 可持续性

淘宝和天猫的商业逻辑可以持续吗？只要有足够多的商家在这 2 个平台上开店，只要有足够多的互联网流量支持，有足够多的顾客，这个商业模式就可以持续。实际上，这个商业模式最难的是初期的商家数量和顾客数量积累，当"人气"够旺时，自然可以持续。

### 3. 可扩张性

淘宝和天猫的交易额能不断扩张吗？坦白说，无限扩张不太可能。但随着人们购物习惯的变化，随着互联网购物的普及，会有越来越多的线下消费转变为线上消费，所以这 2 个平台在初期的扩张空间较大，且会有很长一段时间的扩张期。

现实中根本不具备这三大特点的商业模式比比皆是，很多失败的商业模式通常只能在很短的时间周期内或很小的空间范围内具备可行性，而不具备可持续性或可扩张性。

几年前有位朋友想邀我一起创业，做一个人力资源管理垂直领域的在线学习平台，相当于人力资源管理领域的"得到 App"。他做这件事的底气是自己有人力资源管理垂直领域的微信公众号和微博号，积累了几十万粉丝，想以此变现。

他希望我做这个平台的知识策划人，主要工作是为平台设计课程内容体系，寻找和培养讲师队伍，帮助讲师们设计和审核课程内容。我的角色是在幕后打造平台，成就别的讲师。作为回报，我能获得比当前高 20% 的月薪和公司 30% 的股权，并口头承诺只要盈利，就会按股权比例分红。

我那时在一家上市公司担任人力资源总监，第 2 本书刚上市不久，销量还没起来，势能不高。当时我恰好有创业的打算，但没想好方向。有朋友劝我加入这个创业项目，说这样正好不用思考创业做什么了，可以抓住这个现成的机会。

我想了想，最后没加入这个项目，原因是这个项目也许具备可行性的特点，但不太具备可持续性和可扩张性的特点。

那位朋友虽然有粉丝，想通过知识付费变现，但经过交流，我发现他显然没有想好整个商业模式。他的粉丝数量增长已经遇到瓶颈，而当前知识付费更多是从现有粉丝中挖潜。做知识付费内容要想持续获得收益，要么不断产生新内容让老用户购买，要么不断寻找新用户购买老内容。

对寻找新用户，他没有太多办法，所以压力将会全部落在如何产生新内容上。但知识类内容本身就具有一定的消耗性，就算不考虑不同内容对付费用户的吸引力不同，就算把垂直领域的内容不断做深做细，也总有内容枯竭的时候。

我可以想象参与这个创业项目后会出现这样一种场景，一开始相安无事，而且业绩不差。但做着做着，销量开始下降，用户购买量减少，找不到新的增长点。他开始怪内容质量不行，我开始怪他不能持续补充新的流量，而且已知这是个没有解决办法的问题。不具备可持续性，商业逻辑不通，这样的项目没有参与的必要。

而且给我的 30% 的股权，代表我没有实际话语权，只能听命于公司整体决策。且不说这个平台年底很难盈利，就算每年盈利，但公司决策不分红，把所有收益投入未来发展，我将一点办法也没有。现实中存在很多公司明明每年盈利不少，但连续十几年不分红的情况。早些年，很多上市公司也是这样操作的。

后来，这位朋友找了其他几位朋友一起创业，我没有直接参与创业项目，而是以平台合作讲师的身份参与合作。几年后，这个学习平台项目果然出现了我说的问题。

而且因为该商业模式门槛低，同时期先后出现了大量同质化的在线学习平台，竞争异常激烈。这些平台都是一开始先做自媒体，拥有一定粉丝之后又做知识付费的，平台的知识内容之间并没有明显区别。目前只有少数几个头部平台具备盈利能力，但前景堪忧。

而我作为讲师，在所有能投放的垂直领域在线学习平台中都投放了线上课程。平台为了盈利，需要想尽办法推荐优质师资的课程。在同质化平台竞争的过程中，平台会观察不同课程的销量。课程的销量越好，平台就越主推。

这就形成了马太效应，我的课程因为内容质量较高，在各大垂直领域在线学习平台都比较受欢迎。结果是多个平台都在推荐我的课程，大量新进入的平台也期望与我合作。我放弃了和一个平台绑定，却迎来了和无数个平台合作的机会。我虽然没有做平台，但我的商业模式反而具备可行性、可持续性和可扩张性。

## 【疑难问题】控股数量少如何控制公司

对初创公司而言，一方面，创始人希望用股权换取资金，实现公司快速扩张；另一方面，消耗股权或反复增发新股，创始人的股权将被反复稀释，创始人将逐渐丧失对公司的掌控力。公司最终控制权和归属权因创始人股权稀释而发生转移的案例屡见不鲜。

如果公司的创始人和核心管理团队所占的股权比例很小，公司的实际经营管理权就很容易被其他股权占比较大的投资者左右，他们往往做出一些能够让自身获得短期收益，但有损公司长期发展的决策。

那么，当创始人控股数量少时，就完全没有办法控制公司了吗？也不是，当创始人控股数量少时，还可以通过一些手段来控制公司，比较常见的有以下几种。

### 1. 委托投票权

委托投票权的原理是部分股东把自己股权中的投票权全权让渡给创始人，自己只保留获得股权收益的权利，不参与公司日常经营管理和重大决策。这种情况就算创始人拥有的股权比例较低，但决策权仍可以牢牢掌握在自己手里。

### 2. AB 股制度

AB 股制度就是同股不同权，即相同份额的股票，有的具有更高的决策权，如普通股 1 股等于 1 票，特殊股 1 股等于 10 票。在这种情况下，创始人只需要掌握公司 10% 的股份，就等于牢牢掌握了公司的控制权了。

【举例】

同样是为了保证管理层对公司的控制权，京东商城就采取了 AB 股制度。京东商城实行的 AB 股制度是一种特殊股权，一股多票的制度。京东商城的 AB 股制度将公司股份分成 2 类——A 类和 B 类。京东商城创始人持有 B 类股票，每一股拥有 20 票的投票权；其他投资人持有 A 类股票，每一股有 1 票投票权。

A 类股票上市交易，B 类股票不上市交易。A 类股票在任何情况下都不可以转换成 B 类股票，但 B 类股票可以随时自由转换成 A 类股票。这种情况相当于公司的投票权和股权分离，而且有明确的转换限制，能够有效避免因融资引起的创始人失去对公司的控制权的情况。

但京东商城的 AB 股制度也有局限性，其局限性就在于对选举董事会的董事没有形成有效控制，可能会造成大股东控制董事会的情况。相比之下，阿里巴巴公司的合伙人制度保证了合伙人对董事会成员组成的控制，最大限度地获得了公司的控制权。

京东商城采取的 AB 股制度与阿里巴巴公司采取的委托投票权有一定的相似性，却也存在一些不同。传统股份制度、AB 股制度、委托投票权之间的不同如表 2-4 所示。

表 2-4　传统股份制度、AB 股制度、委托投票权之间的不同

| 项目 | 传统股份制度 | AB 股制度<br>（以京东商城为例） | 委托投票权<br>（以阿里巴巴公司为例） |
| --- | --- | --- | --- |
| 股权 | 一股一权 | 特殊股权一股数权 | 一股一权 |
| 选举董事会董事 | 股东提名，平等投票 | 股东提名，平等投票 | 合伙人提名，平等投票 |
| 选举独立董事 | 股东提名，平等投票 | 创始人特殊控制 | 股东提名，平等投票 |
| 是否可继承 | 正常继承 | 特殊股权可继承 | 合伙人特殊权利不继承 |
| 特殊要求 | 无 | 持有股份的创始人 | 公司长期高管<br>早期合伙人决议 |

### 3. 一致行动协议

一致行动协议与委托投票权的含义类似，即股东和创始人签署一个协议，认可创始人做出的决定，表明和创始人的行动步调一致。一致行动协议与委托投票权的不同之处在于，遇到重大问题的决策需要表决的，大股东应当到场明确自己的意思表示，而委托投票权则不需要。

另外，一致行动协议的时效性很可能比委托投票权更短，甚至有可能只是口头协议。在很多情况下，一致行动协议只是大股东根据局势采取的权宜之计，并非真的与创始人一条心。当局势变化时，或一致行动协议到期时，大股东可能会获取公司的控制权。

Chapter 3

# 第 3 章
# 股权激励形式

实务中常用的股权激励形式有 4 种，分别是股票期权、限制性股票、股票增值权和虚拟股权。这 4 种股权激励形式没有绝对的好坏之分，它们分别对应着不同的场景，有不同的适用性特征。公司应根据自身情况，选择适合自己的股权激励形式。

# 3.1 股票期权

股票期权也称认股权，是公司根据股权激励计划的规定，授予激励对象在某一规定期限内，具有按约定行权价格购买本公司一定数量股票的权利，享有这类权利的员工可以在规定时间内行权或弃权。股票期权适用于上市公司及上市公司的控股企业。

## 3.1.1 股票期权应用

股票期权是上市公司常见的长期激励方式之一。顾名思义，股票期权就是公司授予激励对象股票的期权而非现权。股票期权中的股票主要来源于定向发行，激励对象可以在未来一段时间内按约定价格行权。

股票期权的行权价格，接近于股权激励计划公布时公司股票的市场价格。当激励对象达成预先设定的某种考核条件后，则可获得行权权利。

### 1. 股票期权激励的优点

股票期权激励的优点主要包括如下 3 点。

（1）公司股价上涨空间越大，激励对象的潜在收益越高。

（2）激励对象获得的收益来源于市场，公司无财务压力。

（3）公司在激励对象行权前无须支付成本。

## 2.股票期权激励的缺点

股票期权激励的缺点主要包括如下 3 点。

（1）不适合当前估值水平偏高的上市公司（行权价格为股权激励计划草案公布的市场价格）。

（2）行权后不能立即抛售股票，如果股价下跌，激励对象将遭受账面损失。

（3）如果股票市场缺乏有效性，股价不能真实反映公司的价值，则股权激励计划可能会以失败告终。

## 3.股票期权激励的关注重点

股票期权激励的关注重点主要包括以下几点。

（1）股票来源

上市公司的股票期权计划的股票，通常绝大多数来源于定向发行。同时，股票期权的适用面更广，对公司的限制条件较少，能够为公司融入资金。

（2）行权价格

根据《上市公司股权激励管理办法》的规定。

第二十九条　上市公司在授予激励对象股票期权时，应当确定行权价格或者行权价格的确定方法。行权价格不得低于股票票面金额，且原则上不得低于下列价格较高者：

（一）股权激励计划草案公布前 1 个交易日的公司股票交易均价;

（二）股权激励计划草案公布前 20 个交易日、60 个交易日或者 120 个交易日的公司股票交易均价之一。

上市公司采用其他方法确定行权价格的，应当在股权激励计划中对定价依据及定价方式作出说明。

（3）授予及行权

股票期权的授予、锁定、行权等时间安排应结合公司的实际经营情况，做到激励对象能够在公司绩效较好、股价较高的时间段内转让股票。

授予、行权的业绩考核条件一般包括 2～3 个业绩指标，业绩指标应当结合公司和市场的实际情况合理制定，同时考虑公司股东的接受程度。

### 3.1.2 股票期权实施步骤

股票期权的实施步骤可以分成 7 步。

#### 1. 确立人选

确定激励对象的范围和人数。这里的人选不仅包括当前在职的核心人才，还包括未来可能开发新业务需要的人才，以及未来老业务发展可能需要的新入职的人才。

#### 2. 设计方案

根据公司期望达成的目标和实际情况设计股票期权实施方案，其内容包括对股权激励对象的规定，对股票来源和数量的规定，对各类日期的规定，对行权价格和行权条件的规定，对会计处理的规定，对行权程序的规定，对权利义务关系的规定，对方案修订和终止情况的规定，以及对一些特殊状况处理方法的规定。

#### 3. 投票决策

股票期权方案应由公司股东大会审核通过。当股东大会对股权激励方案做投票表决时，独立非执行董事应就股票期权方案向所有的股东征集委托投票权。为方便股东投票，公司可以在提供现场投票方式的同时，提供网络投票渠道。

#### 4. 审议通过

股票期权方案经公司股东大会审议通过后，公司按照方案约定在首次授予的授权日向激励对象授予股票期权。公司按相关规定召开董事会明确首次授予的激励对象并授予股票期权，完成登记、公告等程序。预留授予期权的授予方案由董事会确定并审议批准，公司董事会根据股东大会的授权办理具体的股票期权授予事宜。

### 5. 签署协议

股票期权授出时，公司与激励对象签署《股票期权授予协议书》，以此约定双方的权利义务关系。《股票期权授予协议书》也是授出股票期权的证明文件，应载明激励对象的姓名、身份证号码、住所，股票期权协议书编号、有关注意事项等。公司根据激励对象签署协议情况制作股票期权激励计划管理名册，记载相关信息。

### 6. 行权申请

激励对象在期权生效且处于行权有效期内，以《行权申请书》向公司确认行权的数量和价格，并交付相应的购股款项。《行权申请书》应载明行权的数量、行权价、激励对象的交易信息等。

### 7. 发行股票

公司在对每个激励对象的行权申请做出核实和认定后，按申请行权数量向激励对象定向发行股票，并向有关部门完成股票登记。

## 3.1.3　实施案例：长城汽车股票期权激励方案

长城汽车股份有限公司（A 股代码：601633）是知名的汽车制造商，截至2020 年年底总资产达 1540.11 亿元。旗下拥有哈弗、WEY、欧拉、坦克和长城皮卡 5 个整车品牌，产品涵盖 SUV、轿车、皮卡三大品类，具备发动机、变速器等核心零部件的自主配套能力，下属控股子公司 80 余家，员工近 7 万人。

为了推动员工由"打工者"向"合伙人"转变，把"做工作"变成"干事业"，凝聚一批具备共同价值观的时代奋斗者和事业带头人，促进公司长期稳健发展，实现全体股东利益一致，长城汽车股份有限公司于 2021 年推出股票期权激励方案。

本激励计划授予的激励对象共计 8784 人，包括如下人选。

（1）公司控股子公司董事、高级管理人员。

（2）公司（含控股子公司）中层管理人员、核心技术（业务）人员。

本激励计划涉及的激励对象不包括公司独立董事、监事及单独或合计持有公司 5% 以上股份的股东或实际控制人及其配偶、父母、子女。

所有激励对象必须在本激励计划的有效期内于公司（含与公司合并报表的子公司）任职并签署劳动合同。

预留授予部分的激励对象由经股东大会、A 股及 H 股类别股东会议审议通过后 12 个月内确定，经董事会提出、独立董事及监事会发表明确意见、律师发表专业意见并出具法律意见书后，公司在指定网站按要求及时准确披露当次激励对象相关信息。超过 12 个月未明确激励对象的，预留权益失效。

长城汽车股份有限公司 2021 年股权激励计划主要内容如下。

### 1. 股票来源和授出股票期权数量

标的股票来源为公司向激励对象定向发行公司 A 股普通股。

公司拟向激励对象授予 39710.10 万份股票期权，占本激励计划草案公告时公司股份总数 919916.0569 万股的 4.317%。其中首次授予 31768.10 万份，占本激励计划拟授出股票期权总数的 80%，约占本激励计划草案公告时公司股份总数 919916.0569 万股的 3.453%；预留 7942.00 万份，占本激励计划拟授出股票期权总数的 20%，约占本激励计划草案公告时公司股份总数 919916.0569 万股的 0.863%。

激励对象获授的股票期权分配情况如表 3-1 所示。

表 3-1　激励对象获授的股票期权分配情况

| 姓名 | 职务 | 获授的股票期权数量 / 万份 | 占授予股票期权总数的比例 /% | 占目前股份总数的比例 /% |
|---|---|---|---|---|
| 郑 × × | 子公司董事、总经理 | 10.00 | 0.025 | 0.001 |
| 吴 × × | 子公司总经理 | 10.70 | 0.027 | 0.001 |
| 李 × × | 子公司总经理 | 6.20 | 0.016 | 0.001 |
| 其他管理人员及核心技术（业务）骨干（8781 人） | | 31741.20 | 79.932 | 3.450 |
| 预留 | | 7942.00 | 20.000 | 0.863 |
| 合计（8784 人） | | 39710.10 | 100 | 4.316 |

## 2. 行权安排

在可行权日内，若达到本计划规定的行权条件，激励对象应在股票期权首次授予之日起满 12 个月后的未来 36 个月内分 3 期行权。

首次授予的股票期权行权期及各期行权时间安排如表 3-2 所示。

**表 3-2　首次授予的股票期权行权期及各期行权时间安排**

| 行权安排 | 行权时间 | 行权比例 |
| --- | --- | --- |
| 首次授予的股票期权第 1 个行权期 | 自首次授予之日起 12 个月后的首个交易日至首次授予之日起 24 个月内的最后一个交易日当日止 | 1/3 |
| 首次授予的股票期权第 2 个行权期 | 自首次授予之日起 24 个月后的首个交易日至首次授予之日起 36 个月内的最后一个交易日当日止 | 1/3 |
| 首次授予的股票期权第 3 个行权期 | 自首次授予之日起 36 个月后的首个交易日至首次授予之日起 48 个月内的最后一个交易日当日止 | 1/3 |

预留的股票期权行权期及各期行权时间安排如表 3-3 所示。

**表 3-3　预留的股票期权行权期及各期行权时间安排**

| 行权安排 | 行权时间 | 行权比例 |
| --- | --- | --- |
| 预留授予的股票期权第 1 个行权期 | 自预留授予之日起 12 个月后的首个交易日至预留授予之日起 24 个月内的最后一个交易日当日止 | 1/2 |
| 预留授予的股票期权第 2 个行权期 | 自预留授予之日起 24 个月后的首个交易日至预留授予之日起 36 个月内的最后一个交易日当日止 | 1/2 |

在上述约定期间内未申请行权的股票期权或因未达到行权条件而不能申请行权的该期股票期权，公司将按本计划规定的原则注销激励对象相应尚未行权的股票期权。

## 3. 行权价格

首次授予股票期权的行权价格为每股 33.56 元，即满足行权条件后，激励对象获授的每份股票期权可以每股 33.56 元的价格购买 1 股公司股票。

首次授予股票期权的行权价格不低于股票票面金额，且不低于下列价格较高者。

（1）本激励计划草案公告前 1 个交易日的公司股票交易均价，即每股 33.56 元。

（2）本激励计划草案公告前 20 个交易日的公司股票交易均价，即每股 33.10 元。

预留股票期权在每次授予前，须召开董事会审议通过相关议案，并披露授予情况。预留股票期权的行权价格不低于股票票面金额，且不低于下列价格较高者。

（1）预留股票期权授予董事会决议公布前 1 个交易日的公司股票交易均价。

（2）预留股票期权授予董事会决议公布前 20 个交易日、60 个交易日或者 120 个交易日的公司股票交易均价之一。

### 4. 考核要求

本激励计划的行权考核年度为 2021 ～ 2023 年 3 个会计年度，根据每个考核年度业绩目标达成率（$P$）的完成情况，确定公司层面可行权的比例（$X$）。首次授予股票期权各年度业绩考核目标如表 3-4 所示。

表 3-4　首次授予股票期权各年度业绩考核目标

| 绩效指标选取 | 销售量 | 净利润 |
| --- | --- | --- |
| 各绩效指标权重 | 55% | 45% |
| 业绩目标达成率（$P$） | ∑（绩效指标实际达成值 ÷ 绩效指标目标值）× 绩效指标权重 | |
| 第 1 个行权期 | 2021 年公司汽车销量不低于 149 万辆 | 2021 年净利润不低于 68 亿元 |
| 第 2 个行权期 | 2022 年公司汽车销量不低于 190 万辆 | 2022 年净利润不低于 82 亿元 |
| 第 3 个行权期 | 2023 年公司汽车销量不低于 280 万辆 | 2023 年净利润不低于 115 亿元 |

预留部分的股票期权各年度业绩考核目标如表 3-5 所示。

表 3-5　预留部分的股票期权各年度业绩考核目标

| 绩效指标选取 | 销售量 | 净利润 |
| --- | --- | --- |
| 各绩效指标权重 | 55% | 45% |
| 业绩目标达成率（$P$） | ∑（绩效指标实际达成值 ÷ 绩效指标目标值）× 绩效指标权重 | |
| 第 1 个行权期 | 2022 年公司汽车销量不低于 190 万辆 | 2022 年净利润不低于 82 亿元 |
| 第 2 个行权期 | 2023 年公司汽车销量不低于 280 万辆 | 2023 年净利润不低于 115 亿元 |

注：以上 2 张表的"净利润"是指经审计的归属于上市公司股东的净利润；

"销售量"是指公司年报披露的全年销售量。

年度业绩目标达成率与公司层面行权比例如表 3-6 所示。

**表 3-6　年度业绩目标达成率与公司层面行权比例**

| 年度业绩目标达成率（$P$） | 公司层面行权比例（$X$） |
|---|---|
| $P \geqslant 100\%$ | $X=100\%$ |
| $85\% \leqslant P < 100\%$ | $X=（P-85\%）\div 15\% \times 20\%+80\%$ |
| $P < 85\%$ | $X=0$ |

公司未满足上述业绩考核目标的，所有激励对象对应考核当年可行权的股票期权均不得行权，由公司注销。

若本激励计划有效期内任何一个行权期未达到行权条件，当期可行权的相应比例的股票期权不得递延到下一年行权，由公司统一注销。

激励对象年度绩效评价结果划分为 A、B、C、D、E 5 个档次，个人层面行权比例（$N$）与评价结果关系如表 3-7 所示。

**表 3-7　个人层面行权比例（$N$）与评价结果关系**

| 年度绩效评价结果 | A | B | C | D | E |
|---|---|---|---|---|---|
| 个人层面行权比例（$N$） | 100% | 100% | 80% | 0 | 0 |

激励对象个人当年实际可行权比例 = 当期可行权比例 ×

公司层面行权比例（$X$）× 个人层面行权比例（$N$）

激励对象考核当年不能行权的股票期权，由公司注销。

## 3.2　限制性股票

限制性股票是指上市公司预先设定公司要达到的业绩目标，当目标达到后，公司将一定数量的股票赠予或低价出售给激励对象。这部分股票会受到一定期限的限制，不能任意抛售，激励对象在工作年限或业绩目标符合股权激励计划规定的条件后，才可以出售限制性股票并从中获益。限制性股票激励方式适用于业绩不佳的上市公司和产业调整过程中的上市公司等。

### 3.2.1 限制性股票应用

对于股票来源为回购股票的限制性股票激励计划，一般是公司从二级市场中回购股票，并将其无偿赠予或折价转让给激励对象。对于股票来源为定向放行的限制性股票激励计划，一般是公司以一定的价格向激励对象定向发行股票。

对于2种不同股票来源的限制性股票，只有当激励对象达到预先设定的考核条件后，方可出售该限制性股票。

#### 1. 限制性股票激励的优点

对于股票来源为回购股票的限制性股票激励计划，其优点包括如下4点。

（1）授予价格无特别限制，增大了激励计划的灵活性和操作空间。

（2）若采取无偿赠予，则激励对象不需要付出成本。

（3）激励对象的资金压力较小，激励效果较强。

（4）激励方式可以不改变公司股本结构，不摊薄原股东权益。

对于股票来源为定向放行的限制性股票激励计划，其优点包括如下2点。

（1）基准价格较低，激励对象仅需支付较少的资金成本，激励效果较强。

（2）激励收益来源于市场，公司无财务压力。

#### 2. 限制性股票激励的缺点

对于股票来源为回购股票的限制性股票激励计划，其缺点包括如下3点。

（1）回购股票使公司的财务压力增大。

（2）回购股票的资金成本由股东共同承担。

（3）将影响公司的业绩数据。

对于股票来源为定向放行的限制性股票激励计划，其缺点包括如下2点。

（1）激励对象需要在计划实施时出资认购，但同时承担锁定期后股价下跌的风险。

（2）股份来源于增发，对公司原有股权有一定的稀释作用。

### 3. 限制性股票激励的关注重点

（1）股票来源

市场上常见的限制性股票激励计划中，股票来源少量为大股东转让（存量），主流形式为公司提取激励基金回购股票（存量）和定向发行（增量）。

（2）授予价格

若股票来源为回购股票（存量），需按照《公司法》关于回购股票的相关规定执行，授予价格并没有特殊限制。

若股票来源为定向发行（增量），则需要参考以下内容。

根据《上市公司股权激励管理办法》的规定。

第二十三条　上市公司在授予激励对象限制性股票时，应当确定授予价格或授予价格的确定方法。授予价格不得低于股票票面金额，且原则上不得低于下列价格较高者：

（一）股权激励计划草案公布前 1 个交易日的公司股票交易均价的 50%；

（二）股权激励计划草案公布前 20 个交易日、60 个交易日或者 120 个交易日的公司股票交易均价之一的 50%。

上市公司采用其他方法确定限制性股票授予价格的，应当在股权激励计划中对定价依据及定价方式作出说明。

（3）授予及行权

限制性股票通常为一次性授予，分期解锁。股票一旦授予，激励对象可以享受持有期（含锁定期和解锁期）内分红派息的收益及股东大会投票权，且股票套现时间的自主性较强，因此锁定期和解锁期等时间安排比股票期权的激励方式更加灵活。

授予、行权的业绩考核条件应当在考虑股东接受程度的前提下，考虑公司和市场的实际情况。

### 3.2.2　限制性股票实施步骤

限制性股票的实施步骤可以分成 5 步。

### 1. 表决审议

公司董事会应依法对限制性股票激励方案做出决议。董事会审议限制性股票激励方案时，作为激励对象的董事或与其存在关联关系的董事应回避表决。董事会应在审议通过方案并履行公示、公告程序后，将其提交给股东大会审议，同时提请股东大会授权，负责实施限制性股票的授予、解除限售和回购工作。

### 2. 监督意见

独立董事及监事会应就限制性股票激励方案是否有利于上市公司持续发展，是否存在明显损害上市公司及全体股东利益的情形发表意见。独立董事或监事会认为有必要的，可以建议上市公司聘请独立财务顾问，对限制性股票激励方案的可行性、是否有利于上市公司的持续发展、是否损害上市公司利益及对股东利益的影响发表专业意见。

### 3. 审核通过

限制性股票激励方案经公司股东大会审议通过后方可实施。在召开股东大会前，应通过公司网站或其他途径，在公司内部公示激励对象的姓名和职务，公示期不少于10天。监事会应当对激励对象名单进行审核，充分听取公示意见。上市公司应当在股东大会审议限制性股票激励方案前5日披露监事会对激励对象名单审核及公示情况的说明。

### 4. 投票表决

公司股东大会在对限制性股票激励方案进行投票表决时，独立董事应当就本次限制性股票激励方案向所有股东征集委托投票权。

股东大会应当对《上市公司股权激励管理办法》第九条规定的股权激励计划内容进行表决，并经出席会议的股东所持表决权的2/3以上通过，单独统计并披露除公司董事、监事、高级管理人员、单独或合计持有公司5%以上股份的股东以外的其他股东的投票情况。

公司股东大会审议限制性股票激励方案时，作为激励对象的股东或者与激励对象存在关联关系的股东，应当回避表决。

### 5. 实施授予

限制性股票激励方案经公司股东大会审议通过，且达到方案规定的授予条件时，公司在规定时间内向激励对象授予限制性股票。经股东大会授权后，董事会负责实施限制性股票的授予、解除限售和回购。

## 3.2.3　实施案例：科大讯飞限制性股票激励方案

科大讯飞股份有限公司（A 股代码：002230）成立于 1999 年，是亚太地区知名的智能语音和人工智能上市公司。公司自成立以来，长期从事语音及语言、自然语言理解、机器学习推理及自主学习等核心技术研究并保持了国际前沿技术水平，积极推动人工智能产品研发和行业应用落地，致力让机器"能听会说，能理解会思考"，用人工智能建设美好世界。

为进一步建立、健全长效激励机制，通过实施与产业竞争激烈程度相匹配的股权激励方案，吸引和留住优秀人才，充分调动公司管理人员及核心技术 / 业务人员的积极性，有效地将股东利益、公司利益和核心骨干员工个人利益结合在一起，使各方共同关注公司的长远发展，科大讯飞股份有限公司在 2020 年实施限制性股票激励方案。

激励对象共计 1942 人，包括公司高级管理人员，公司核心技术（业务）人员、中层管理人员，各子公司的中高层管理人员和核心技术（业务）人员。以上激励对象中，高级管理人员必须经公司董事会聘任。所有激励对象均须在考核期内与公司或公司的子公司具有雇佣或劳务关系。

本次激励计划的主要内容如下。

### 1. 股票来源和授出限制性股票数量

标的股票来源为公司向激励对象定向发行的科大讯飞 A 股普通股。

拟授予的限制性股票数量为 2727.27 万股，约占本计划草案公告时公司股本总额 219787.30 万股的 1.24%。截至本计划草案公告日，公司全部在有效期内的股权激励计划所涉及的标的股票总数累计未超过本计划公告时公司股本总额的 10%。本计划中任何一名激励对象通过全部在有效期内的股权激励计划获授的本公司股票累计未超过本计划公告时公司股本总额的 1%。

授予的限制性股票在各激励对象间的分配情况如表 3-8 所示。

表 3-8 授予的限制性股票在各激励对象间的分配情况

| 人员类型 | 姓名 | 职务 | 获授的限制性股票数量 / 万股 | 占授予限制性股票总数的比例 /% | 占目前总股本的比例 /% |
|---|---|---|---|---|---|
| 高级管理人员 | 段 × × | 副总裁 | 30 | 1.10 | 0.0136 |
| | 汪 × × | 财务总监 | 6 | 0.22 | 0.0027 |
| 其他 1940 名核心骨干 | | | 2691.27 | 98.68 | 1.2245 |
| 合计 | | | 2727.27 | 100 | 1.2408 |

**2. 解除限售安排**

在解除限售期内，公司为满足解除限售条件的激励对象办理解除限售事宜，未满足解除限售条件的激励对象持有的限制性股票由公司回购注销。

限制性股票的解除限售期及各期解除限售时间安排如表 3-9 所示。

表 3-9 限制性股票的解除限售期及各期解除限售时间安排

| 解除限售期 | 解除限售时间 | 解除限售数量占获授限制性股票数量比例 /% |
|---|---|---|
| 第 1 个解除限售期 | 自授予日起 12 个月后的首个交易日起至授予日起 24 个月内的最后一个交易日当日止 | 30 |
| 第 2 个解除限售期 | 自授予日起 24 个月后的首个交易日起至授予日起 36 个月内的最后一个交易日当日止 | 30 |
| 第 3 个解除限售期 | 自授予日起 36 个月后的首个交易日起至授予日起 48 个月内的最后一个交易日当日止 | 40 |

激励对象获授的限制性股票由于资本公积金转增股本、股票红利、股票拆细而取得的股份同时限售，不得在二级市场出售或以其他方式转让。该等股份的解除限售期与限制性股票的解除限售期相同，若公司对尚未解除限售的限制性股票进行回购，该等股份将一并回购。

在上述约定期间内未申请解除限售的限制性股票或因未达到解除限售条件而不能申请解除限售的该期限制性股票，公司将按本计划规定的原则回购并注销激励对象相应尚未解除限售的限制性股票。

### 3. 行权价格

限制性股票的授予价格为每股 18.28 元，即满足授予条件后，激励对象可以每股 18.28 元的价格购买公司向激励对象增发的限制性股票。

授予的限制性股票的授予价格不低于股票票面金额，且不低于下列价格较高者。

（1）本计划公告前 1 个交易日公司股票交易均价每股 35.35 元的 50%，为每股 17.675 元。

（2）本计划公告前 120 个交易日公司股票交易均价每股 36.551 元的 50%，为每股 18.2755 元。

### 4. 考核要求

授予的限制性股票，以达到公司财务业绩考核目标作为激励对象当年度解除限售的条件：以 2019 年为基准年度，在 2020—2022 年的会计年度中，分年度对公司财务业绩指标进行考核。各年度业绩考核目标与解除限售期关系如表 3-10 所示。

表 3-10　各年度业绩考核目标与解除限售期关系

| 解除限售期 | 业绩考核目标 |
| --- | --- |
| 第 1 个解除限售期 | 以 2019 年营业收入为基数，公司 2020 年营业收入增长率不低于 25% |
| 第 2 个解除限售期 | 以 2019 年营业收入为基数，公司 2021 年营业收入增长率不低于 50% |
| 第 3 个解除限售期 | 以 2019 年营业收入为基数，公司 2022 年营业收入增长率不低于 75% |

公司未满足上述业绩考核目标的，所有激励对象考核当年可解除限售的限制性股票不得解除限售，对应的限制性股票由公司回购注销。

对个人绩效考核的要求，根据公司现行绩效考核相关管理办法，要求激励对象上一年度绩效考核合格。

## 🟡 3.3　股票增值权

股票增值权是公司授予激励对象的一种权利，激励对象不用实际购买公司股票，在规定条件和时期内，当达到公司设置的目标时，激励对象可以获得约定数量的股票增值部分的收益（期末股票市价 – 约定价格）。这部分收益可以是现金，也可以是公司等值的股票。如果没有达到公司设置的目标，股票增值部分将不会发放给激励对象。股票增值权激励方式较为适合现金流充裕且股价稳定的上市公司或非上市公司。

### 3.3.1　股票增值权应用

在应用股票增值权时，公司授予激励对象的奖励并非股票，而是一种以股票价格为标的的获得收益的权利。享有股票增值权的激励对象并不实际拥有公司股票，也不具有股东表决权、配股权、分红权，同时股票增值权不能转让给第三者和用于担保、偿还债务等。

股票增值权的本质，是与股价相关奖金的延期支付。这种股权激励模式并没有在很多上市公司得以应用，主要原因是它可能对公司现金流产生较大影响。尤其是那些公司股价增长较快的上市公司，很可能产生预期之外的利润摊薄。

股票增值权的激励方式在实施中既有优点也有缺点。其中，股票增值权的优点包括如下 2 点。

（1）激励对象不需要实际购买公司股票，进而减轻了激励对象的经济压力。

（2）实施操作比较简单，不用解决股票来源问题，审批程序也相对简单，激励对象在符合条件下行权时，可以获得公司股票增值部分的收益。

股票增值权的缺点包括如下 3 点。

（1）对公司来讲，股票增值权的激励方式激励效果也许不够显著，因为激励对象不是真正意义上获得股票，而只是获得一种权利。

（2）激励对象获得的股票增值权收益要由公司支付，增加了公司的经济负担。

（3）股票增值权的收益取决于公司股价上涨情况，这与公司业绩并不直接相关联，在奖励方面无法做到公正，虽然具有长期性和激励性，但不具备良好的约束性。

股票增值权不仅可以应用在上市公司，也可以应用在非上市公司。上市公司可以通过二级市场的股票价格获得股份的公允价格，与上市公司应用股票增值权不同的是，非上市公司比较难确定股份的公允价格。这就使得非上市公司在应用股票增值权时，激励效果也许并不明显。

但这并不代表非上市公司无法使用股票增值权的股权激励方式。如果非上市公司能够确定一种股权定价方式，例如按照净资产确定股价，也能发挥股票增值权的激励效果。

### 3.3.2　股票增值权实施步骤

股票增值权的实施步骤可以分成 5 步。

#### 1. 表决审议

公司召开董事会，会议审议通过股票增值权激励方案，其中包括方案的考核办法和具体实施细则。在这个过程中，公司的独立董事要就激励方案发表独立意见，公司的监事会要对激励方案的相关事项进行核实并出具相关核查意见。

#### 2. 意见征集

公司在相关网站对外发布拟实施方案的公告，公开征集意见，并向公司全体股东征集投票权。在征集意见的同时，公司开始对股票增值权激励方案内幕信息知情人买卖公司股票情况实施自查，并在最终公示的环节形成正式的自查报告。

#### 3. 信息公示

公司首先在内部公示股票增值权激励方案拟激励对象的姓名和职务。公示期内，公司监事会注意查收异议和问题，如果发现任何与激励对象相关的异议，应及时核实处理；如果未收到异议，则可以在相关网站上对外公示。

#### 4.审议通过

公司召开股东大会，正式审议通过股票增值权激励方案，以及与方案相关的考核方案、实施细则等所有文件。公司在相关网站上正式对外公布股票增值权激励方案、相关文件，以及内幕信息知情人买卖公司股票情况的自查报告。

#### 5.正式授予

授予条件达成后，公司召开董事会，审议通过正式授予激励对象股票增值权的提案。公司独立董事对该事项发表独立意见，判定授予条件是否已经达成，激励对象主体资格是否合法有效，确定的授予日是否符合相关规定等。监事会对授予日的激励对象名单进行核实并发表核查意见。

### 3.3.3　实施案例：中国电信股票增值权激励方案

中国电信集团有限公司是国有特大型通信骨干企业，注册资本 2131 亿元人民币，资产规模超过 9000 亿元人民币，年收入规模超过 4900 亿元人民币，连续多年入选《财富》杂志"世界 500 强企业"。

为了建设与完善为股东创造价值的绩效导向文化；进一步完善公司法人治理结构，保证公司长期稳步发展；优化公司管理、技术及技能人才的基本薪酬、短期激励和长期激励，更灵活有效地保留各种人才，更好地促进公司发展；有效调动核心骨干人员的工作积极性，努力提高绩效，增强公司的核心竞争力，2018 年，中国电信港股（港股代码：00728）发布股票增值权激励方案。

股票增值权激励方案的激励对象为核心骨干人员，不包括独立董事和监事。股票增值权激励方案的有效期为 10 年，生效日期有以下 2 个条件。

（1）获得国资委批准。

（2）获得股东大会批准。

授予股票增值权的数量限制条件有以下 3 个。

（1）有效期内，授予核心骨干人员股票增值权单位的总数不超过公司总股本的 10%。

（2）任意 12 个月内，每个被授予人获授的股票增值权单位数量不超过公司总股本的 1%。

（3）激励对象行权收益占本期股票增值权授予时薪酬总水平的最高比例为 40%。

其中，股本总额均指最近一次依据本方案进行授予时公司已发行的股本总额。

股票增值权行权为以下三者之较高者。

（1）授予日公司港股股票于联交所每日报价表所列的当日股票收市价。

（2）授予日前公司港股股票连续 5 个交易日于联交所每日报价表所列的股票平均收市价。

（3）公司港股股票的面值。

正式授出日期在国资委批复相关授予及股东大会批复后，由董事会确定。限制锁定期为自激励对象获授股票增值权之日起的 24 个月。

股票增值权限制锁定期满后为股票增值权归属期，归属期为 36 个月。采取分期均速归属，每 12 个月为 1 个归属期。

股票增值权以现金结算，按照公司承担的以股份为基础计算确定的负债的公允价值计量。

公司将按行权时公司港股股票公平市场价格与行权价的差额乘以行权的股票增值权数量并扣除相关税费后，以人民币现金方式支付给行权人。

本方案已于 2021 年 3 月 3 日获国资委批准。2021 年 3 月 10 日，该方案规定的授予条件均已满足，其中包括以下要点。

（1）公司业绩考核指标已满足。

（2）公司未发生以下事项。

① 未按照规定程序和要求聘请会计师事务所开展审计。

② 年度财务报告被注册会计师出具否定意见或无法表示意见的审计报告。

③ 国资委、监事会或者审计部门对上市公司业绩或者年度财务报告提出重

大异议。

④ 发生重大违规行为，受到证券监督管理机构及其他有关部门处罚。

（3）核心骨干人员个人绩效及相关条件已满足。

据此，根据方案相关规定，于 2021 年 3 月 10 日，董事会审议批准于授予日向 8239 名核心骨干人员（不包括公司的执行董事、非执行董事、独立董事、监事及高级管理人员），授予总数约为 24.1162 亿股股票增值权，所对应的公司港股数量占于授予日公司已发行总股本约 2.98%。

每份股票增值权的行权价为 2.686 港元。该方案有效期为 60 个月，自授予日起生效。股票增值权以现金结算，按照公司承担的以股份为基础计算确定的负债的公允价值计量。

核心骨干人员拥有股票增值权，能在一定的时期和条件下，获得规定数量的股票价格上升所带来的收益的权利，但不拥有这些股票的所有权，也不拥有股东表决权、配股权。股票增值权不能转让和用于担保、偿还债务。

## 💰 3.4 虚拟股权

虚拟股权是公司授予激励对象虚拟股票，不需要激励对象出资，当公司在约定期限内达成业绩目标时，激励对象可以享有约定数量的分红权和股价升值的收益；反之，激励对象将得不到收益。但激励对象不具有所有权、表决权等股东权利，虚拟股权也不能转让和出售，若激励对象离开公司，将自动失去继续分享虚拟股权价值增长的权利。

虚拟股权的本质是激励对象享有公司分红权的一种凭证，是激励对象与公司股权价值增长相关联的激励模式，适合现金流充裕的上市公司或非上市公司。

### 3.4.1 虚拟股权应用

虚拟股权是非上市公司中比较常见的长期激励方式，在一些上市公司中也有应用。

虚拟股权的激励对象不需要出资就可以享受公司价值的增长，所获利益由公司支付。激励对象没有虚拟股票的表决权、转让权和继承权，只有分红权。虚拟股权享有的收益来源于股东对相应股权收益的让渡。

虚拟股权因不涉及公司真正的股权变更，操作时又可以具备实际股权的权益，行权和除权比较灵活，所以被许多公司采用。尤其是随着华为公司的崛起，虚拟股权设计被越来越多公司了解并认可。

虚拟股权同样有优势，也有劣势。虚拟股权的优势包括如下 4 点。

（1）不破坏股东结构，不需要考虑股票来源，操作起来比较灵活。

（2）激励对象不具备实际股权对应的股东权益，不影响公司的所有权和治理结构。

（3）激励对象不需要实际出资购买，可以减轻员工的经济压力。

（4）虚拟股权不受股票二级市场中股价波动的影响。

虚拟股权的劣势包括如下 3 点。

（1）虚拟股权毕竟是虚拟的，获得虚拟股权的激励对象并非法律意义上的股东，获益感也许较弱，起不到预期的激励效果。

（2）激励对象享受的是虚拟股价变化带来的收益，也许会为了短期利益做出损耗公司长期利益的行为。

（3）正常情况下，虚拟股权激励使用的股权是以奖励或无偿赠送的形式分配给员工的，员工不需要支付资金。如果员工需要支付资金，则设计激励制度时要格外谨慎，因为公司可能会有非法集资的嫌疑。

### 3.4.2　虚拟股权实施步骤

在设置虚拟股权时，公司可以按照如下步骤执行。

#### 1. 确立激励对象范围

公司首先要明确虚拟股权的激励对象：是针对公司的某类范围的核心人才？是针对司龄达到一定年限的人员？还是针对全体员工？

除了人员较少的处于创业期的公司，一般规模超过 100 人、进入成长期的公司，不建议虚拟股权的激励对象选择全体员工，也不建议根据司龄划分激励对象的范围。

即便是一直强调 100% 由员工持股的华为公司，其准确的表达也是华为公司的股份 100% 为员工持有，而不是 100% 的员工持有华为公司的股份。

同短期激励的原理一样，虚拟股权激励的目的同样应聚焦于结果，以结果为导向。对个体员工来说，这里的结果一般指绩效水平，而不是工作年限、资历长短、学历高低、综合素质高低或其他与绩效不相关的事项。

### 2. 明确持股数量变化规则

虚拟股票的持股数量变化应遵循一定的规则。公司应明确当员工达到什么条件时应持有多少虚拟股票，确定持有虚拟股票的数量都与哪些因素有关。常见的相关因素有绩效和职位。如果公司考虑员工的稳定性，也可以考虑加入司龄的因素。

【举例】

某公司规定，根据员工的绩效和职务，员工每年可购买的虚拟股票数量上限的规则如表 3-11 所示。

表 3-11　某公司虚拟股票数量与员工绩效和职务的关系

单位：股

| 职务 | 绩效 | | | |
|---|---|---|---|---|
| | A | B | C | D |
| 副总经理 | 15000 | 10000 | 5000 | 0 |
| 总监 | 12000 | 8000 | 4000 | 0 |
| 经理 | 9000 | 6000 | 3000 | 0 |
| 主管 | 6000 | 4000 | 2000 | 0 |
| 职工 | 3000 | 2000 | 1000 | 0 |

根据表 3-11 所示规则，随着员工的职务和绩效变化，员工的虚拟股票数量也会随之变化。

一般来说，员工离职后，其持有的虚拟股票也自动消失。对于正常离职的员工，公司设置的规则可以是将虚拟股票折算成现金发放，也可以按照员工上一年的出勤时间，以年终分红的形式折算成分红奖金发放给员工。对于非正常离职的员工，如员工在任职过程中出现重大错误，或存在违反公司规章制度的行为，公司可以另行规定。

### 3. 确定股权分红办法

公司内部应先设立股权分红基金，根据公司业绩完成情况，参照分红基金，制定股权提取和分红计划。一般来说，分红基金提取与净利润和年终奖有关。

【举例】

某公司年终虚拟股权分红基金的测算是根据公司上一年度的年终奖金和净利润，再用 1～2 的调整系数测算分红基金的比例和分红额，由公司的决策层审核确定。

该公司某年度的净利润为 1 亿元，当年发放给职工的年终奖金为 1000 万元，年终奖金与净利润的比值为 10%。

则该年度分红基金比例的最高值为 10%×2=20%。

分红基金比例的中间值为 10%×1.5=15%。

分红基金比例的最低值为 10%×1=10%

呈报决策层的虚拟股权分红基金方案如表 3-12 所示。

表 3-12　虚拟股权分红基金方案

| 类别 | 最低值 | 中间值 | 最高值 |
| --- | --- | --- | --- |
| 分红基金比例 /% | 10 | 15 | 20 |
| 分红基金额 / 万元 | 1000 | 1500 | 2000 |

实务中，公司为了减少每年经营业绩的波动对员工分红的影响，让员工每年的总收入趋于稳定，可以适当采取延期分红的方式。例如每年发放分红基金的 80%，剩下的 20% 结转到下一年。每年按此方式滚动计算实际发放的分红基金。

### 4. 确定每股分红金额

虚拟股权的每股分红金额计算公式如下。

$$虚拟股权的每股分红金额 = 当年拟发放的分红基金 ÷ 拟参与分红的虚拟股权总数$$

不同员工应得分红金额的计算公式如下。

$$员工应得分红金额 = 员工持有参与分红的虚拟股权总数 \times$$
$$虚拟股权的每股分红金额$$

【举例】

某公司年终拟发放分红 100 万元，参与分红的虚拟股权总数为 10 万股，张三拥有虚拟股权 0.8 万股。张三当年应得的虚拟股权分红金额 =0.8×（100÷10）=8（万元）。

### 5. 确立虚拟股权制度

按照以上 4 步的思路，根据公司的年终奖制度和对公司业绩的预估模拟计算，可进一步细化形成操作实施流程，形成虚拟股权制度草案，呈报公司决策层。虚拟股权制度审核通过后，要传达给全公司的员工。在制度实施的过程中，保证员工的知悉并持续参与，做好评估改进工作。

### 3.4.3　实施案例：精冶源虚拟股权激励方案

北京精冶源新材料股份有限公司（新三板股票代码：831091）成立于 2004 年，是国家高新技术企业，2014 年 8 月在新三板挂牌上市。公司专注于耐火材料的研究开发、生产制造、销售、工程和服务，主要产品包括速干浇注料、炮泥、风口区域及炉缸浇注料、喷涂料、陶瓷耐磨料、压入料等。

为提高公司经济效益水平并增强市场竞争能力，吸引和保持一支高素质的人才队伍，营造激励员工实现目标和自我管理的工作环境，倡导以业绩为导向的文化，鼓励员工为公司长期服务并分享公司发展和成长的收益，2015 年，精冶源新材料股份有限公司推出虚拟股权激励方案。

该方案有效期为 3 年，即 2015—2017 年，激励对象无偿享有公司给予的一定比例的分红权。有效期满后，公司可根据实际情况决定是否继续授予激励对象该等比例的分红权。如在方案有效期内经股东大会和董事会决议通过了其他股权激励方案，经股东大会和董事会表决后可以中止该方案。

### 1. 激励对象

虚拟股权激励对象参照如下标准确定。

（1）在公司发展中做出过突出贡献的人员。

（2）公司未来发展迫切需要的人员。

（3）年度工作表现突出的人员。

（4）其他公司认为必要的标准。

激励范围包括公司高级管理人员、中层管理人员、业务骨干，以及对公司有卓越贡献的新老员工等。

虚拟股权的授予，由公司根据上述标准在可选范围内提名并确定具体人员名单，报经董事会批准。后进入公司的新员工如果符合上述标准，公司可以调整当年的股权激励计划，经董事会批准后，新员工可作为当年的激励对象。原则上员工在公司工作满 1 个自然年后（自入职到该方案每年的实施时间）方可享受该方案。

### 2. 虚拟股权数量

虚拟股权的授予数量，根据虚拟股权激励对象所处的职位确定股权级别及其对应基准职位股数（经董事会表决同意后，基准职位股数可按年度调整），根据个人能力系数和本司工龄系数确定计划初始授予数量，根据年终绩效考核结果确定当年最终授予虚拟股权数量。

虚拟股权的初始授予数量 = 基准职位股数 × 能力系数 × 本司工龄系数

虚拟股权的最终授予数量 = 虚拟股权的初始授予数量 × 绩效考核系数

（1）股权级别及基准职位股数确定。股权级别（基准职位股数）评定如表 3-13 所示。

表 3-13 股权级别（基准职位股数）评定

| 股权级别 | 评定标准 | 基准职位股数 |
| --- | --- | --- |
| 1 级 | 能按指令基本完成本岗位的工作任务 | 10000 |
| 2 级 | 能够独立、合格地完成本岗位的工作 | 15000 |
| 3 级 | 通过自己的技术专长或团队管理能较好地完成本岗位的工作 | 20000 |
| 4 级 | 通过他人或团队管理能完成工作目标，业绩卓越且能保持团队稳定 | 25000 |

（2）个人能力系数。个人能力系数由公司根据表 3-14 所列能力评定标准，结合员工个人学历、工作经历及在公司的工作表现等因素进行综合评定。

表 3-14　个人能力系数评定

| 能力等级 | 能力评定标准 | 能力系数 |
|---|---|---|
| 中级 | 熟练运用所掌握知识、技能完成一般复杂程度的工作；<br>对工作相关风险或潜在问题具有一般的认知与把控能力；<br>能够将岗位相关经验应用于工作实际 | 1.0 |
| 高级 | 精通某一方面知识或技能的工作应用；<br>能够独立处理富有挑战性和复杂的事项；<br>能够带领一定规模的团队开展相关工作 | 1.1 |
| 专家级 | 能被征询意见，解决与本职工作领域相关的复杂技术问题；<br>能对其掌握的知识、技能提出战略性建议或做出合理调整；<br>对公司业务及其工作有敏锐的洞察力并能提出解决方案 | 1.2 |

（3）本司工龄系数。本司工龄系数判定如表 3-15 所示。

表 3-15　本司工龄系数判定

| 本司工龄 | 本司工龄系数 |
|---|---|
| 1—3 年（含） | 1.0 |
| 3—5 年（含） | 1.1 |
| 5 年以上 | 1.2 |

### 3. 绩效考核

公司以年度净利润作为业绩考核指标，以一个完整的会计年度为一个业绩目标和绩效考核的周期。设定的每年业绩目标为：年度净利润增长率不低于 20%（含 20%）。业绩目标作为确定是否授予年度分红权激励基金的基准指标。

每个考核年度期满且审计报告出具后 30 天内，由董事会组织财务部门考核是否实现公司业绩目标。如公司业绩目标实现，则开始实施当年度的分红权激励，向激励对象授予分红权激励基金；业绩目标未能实现的，不得授予分红权激励基金。

每年年初，公司根据激励对象所在岗位的岗位职责确定考核内容，包括工作态度、工作能力和工作业绩等方面的考核。其中工作业绩是重点考核内容。

每年年初，公司对上年度个人绩效做评估，评定激励对象的考核结果和绩效系数。绩效系数确定标准如表 3-16 所示。

表 3-16　绩效系数确定标准

| 序号 | 绩效评级 | 绩效系数 |
| --- | --- | --- |
| 1 | 优异 | 1.5 |
| 2 | 良好 | 1.2 |
| 3 | 达标 | 1.0 |
| 4 | 不达标 | 0 |

### 4. 激励基金的提取、分配和发放

公司在实现业绩目标的情况下，按照考核年度净利润和虚拟股权占比核算和提取激励基金。

当年激励基金总额 = 考核年度净利润 × 加权虚拟股权总数 ÷ 加权实际总股本

每股现金价值 = 当年激励基金总额 ÷ 实际参与分红的虚拟股权总数

将每股现金价值乘以激励对象持有的虚拟股权数量，就可以得到每一个激励对象当年的分红现金数额。

个人实际可分配虚拟股红利 = 虚拟股权每股现金价值 × 虚拟股权数量

当年的虚拟股红利在次年 5 月发放，虚拟股红利以公司公告为准。虚拟股红利发放通过银行转账发放到员工银行卡上，涉及的所得税由公司代扣代缴。

第 4 章
股权激励考核

实施股权激励，就免不了要进行绩效管理。绩效管理既是股权激励的"显微镜"，可用来观察和发现高潜质人才；又是股权激励的"称重机"，可以"称出"高绩效人才；还是股权激励的"打气筒"，能用来给那些优秀人才加油打气。

## 4.1 绩效管理正确做法

实务中，很多公司在实施绩效管理时陷入了误区，导致绩效管理形同虚设。比较典型的误区有 3 个，第 1 个是认为绩效考核就是绩效管理，只注重考核，不注重管理，用考核来代替管理。第 2 个是简单地根据绩效考核分数来发放奖金，不考虑员工对公司的贡献。第 3 个是混淆绩效管理工具和绩效管理程序，以为用了某个绩效管理工具，就等于实施了绩效管理。

### 4.1.1 绩效管理 > 绩效考核

很多人以为绩效考核 = 绩效管理，实际上，绩效考核和绩效管理是完全不同的概念。如果只讲绩效考核，不讲绩效管理，则必然做不好股权激励。

绩效考核指公司在既定的战略目标下，运用特定的标准和指标，对员工的工作行为及取得的工作业绩进行评估，并运用评估的结果对员工将来的工作行为和工作业绩产生正面引导的过程和方法。绩效考核是绩效管理过程中的一环。

绩效考核也称绩效评价、绩效评估或绩效考评，指公司将组织或个人对公司发展和战略实现的贡献情况转化成一整套标准的、可实施的、可执行的绩效水平衡量体系，并在一段时期内对组织目标的达成情况、对个人工作成绩和工作能力做出判断。

绩效管理，是指管理者和员工为了达到某项目标，共同参与的绩效目标选择、绩效计划制定、绩效辅导沟通、绩效考核评价、绩效结果应用、绩效目标提升的持续循环管理过程。绩效管理的最终目的是持续提升个人、部门和组织的绩效。

绩效管理能够促成组织、管理者与员工的三方共赢。在绩效管理的过程中，管理者和员工就目标设置及如何达成目标达成共识，并通过讨论和辅导的方式，提高双方的目标达成率。在管理者和员工的这种相互作用下，组织的目标最终得以实现。

绩效管理中，组织、管理者和员工之间的关系如图 4-1 所示。

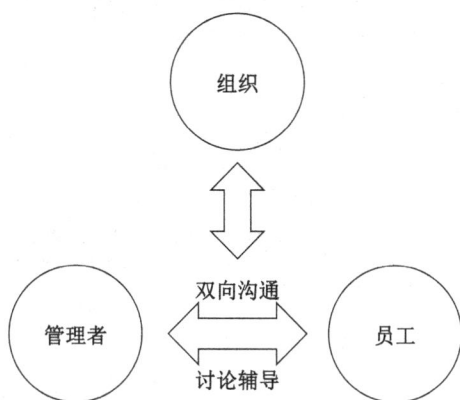

图 4-1　绩效管理中组织、管理者和员工之间的关系

绩效管理不是简单的任务管理或目标管理，它特别强调整个管理过程中沟通、辅导及员工能力的提升。绩效管理不仅强调结果导向，而且重视达成目标的过程。在这个过程中，管理者和员工能够摒弃误区，确立共同的关注点。

实施绩效管理的意义包括以下 3 点。

（1）能够促进组织和个人绩效的提升。

（2）能够促进管理流程和业务流程的优化。

（3）能够保证组织目标和个人目标的实现。

在绩效管理实务中，一些公司常常因为在认识上或操作上对绩效管理存在各种各样的误区，而造成绩效管理工作难以开展。

比如有人认为绩效管理和绩效考核的含义相同，在实际操作中随意应用，结果造成本公司绩效管理工作在开展过程中出现各种问题。这类问题的产生归根结底是对绩效管理的认识错误。

绩效管理离不开绩效考核，绩效考核是绩效管理的一环，是绩效管理过程中的一种工具和手段。单纯看绩效考核，它实质上反映的是过去的绩效，而绩效管理更强调未来绩效的提升。只有将绩效考核工作纳入绩效管理的体系和制度中，才能对绩效进行有效的监控和管理，从而实现绩效管理的目标。

绩效考核和绩效管理的思路和操作方式有着本质的不同，二者的定位、着眼点、提高绩效的手段、管理者和员工的角色都是不同的，如表 4-1 所示。

表 4-1　绩效考核和绩效管理之间的差异

| 分类 | 绩效考核 | 绩效管理 |
| --- | --- | --- |
| 定位 | 控制员工 | 员工主动承诺 |
| 着眼点 | 重点放在评定过去的绩效 | 重点放在如何改进将来的绩效 |
| 提高绩效的手段 | 主要通过"胡萝卜加大棒"政策 | 主要通过指导、鼓励自我学习和发展 |
| 管理者的角色 | 判断、评估控制工作的细节，解决问题者 | 指引方向和目标，指导、帮助、沟通和反馈，在允许的范围内积极授权 |
| 员工的角色 | 被动的／反作用的，防卫性的行为 | 在学习和发展过程中表现积极，主动的行为 |

除此之外，管理者对绩效管理常见的认识误区及正确认识总结如表 4-2 所示。

表 4-2　绩效管理认识误区及正确认识总结

| 分类 | 认识误区 | 正确认识 |
| --- | --- | --- |
| 对工作成果 | 是一种判断 | 是一种计划 |
| 绩效管理重心 | 绩效评价的结果 | 绩效管理的过程 |
| 绩效管理目的 | 寻找错误 | 解决问题 |
| 公司与被考核人得失 | 此得-彼失 | 全胜-全输 |
| 关注重点 | 结果 | 行为和结果 |
| 绩效工作属性 | 人力资源的工作 | 全公司各部门的管理程序 |
| 对被考核人 | 是一种威胁 | 是一种成果或推动 |

有的公司在操作绩效管理工作时，把每个部门、每名员工的绩效考核指标变得过于烦琐和复杂，想尽一切办法涵盖该员工工作的方方面面。有了执行人，要设立监督人；设立了监督人，还要再设立一个监督监督人的监督人。结果是收集员工各项绩效的考核指标需要耗费大量的管理成本，最终将绩效管理演变

成了一件为了做绩效而做绩效的事。

### 4.1.2　贡献成果＞考核分数

很多公司想通过实施绩效管理，给绩效高的员工更多奖励，以激励高绩效员工，结果发现不仅没起到效果，而且适得其反。其中很多公司奖励无效的原因，是没选准奖励依据，没定义清楚奖励标准。

【举例】

某团队负责人王五管理着张三和李四 2 名员工。张三是老员工，工作能力较强，工作态度一般。李四是新员工，工作能力较弱，但工作态度较好。

这个团队通过实施绩效管理来判定员工的工作成果，每年评价员工的绩效成绩。绩效考核分数的满分为 100 分，团队依据考核成绩给员工发放股票期权。

在制定绩效目标的环节，王五考虑，张三既然是老员工，那制定的目标应该高一些，于是王五和张三沟通后，给张三制定了一个相对较难达成的目标。李四既然是新员工，那制定的目标应该低一些，于是王五和李四沟通后，给李四制定了一个相对容易达成的目标。

到了年底，张三的绩效考核分数为 60 分，李四的绩效考核分数为 90 分。王五手里有 1 万份股票期权可以给张三和李四分，应该如何分呢？

以上案例将绩效管理的奖励过程回归为一个最简单的模型，对以上案例进行分析，我们能清楚地看出很多公司在这方面的问题所在。

1. 四六分

第 1 种股票期权分法是张三分得 4000 份，李四分得 6000 份，怎么算出来的呢？

将张三的绩效考核分数 60 分和李四的绩效考核分数 90 分相加，得到150 分。

张三绩效考核分数占团队的比值 =（ 60 ÷ 150 ）× 100%=40%。

李四绩效考核分数占团队的比值 =（ 90 ÷ 150 ）× 100%=60%。

张三分得股票期权 =1 万份 × 40%=4000 份。

李四分得股票期权 =1 万份 ×60%=6000 份。

张三和李四的股票期权四六分是唯绩效考核分数论，严格按照绩效考核分数来落实奖励。这样分的唯一好处是管理者不需要思考就能够实现奖励的量化。

### 2. 五五分

很多人已经看出四六分分法的问题——张三毕竟是老员工，能力强，绩效考核分数低主要是因为达成目标较难；李四虽然绩效考核分数高，但毕竟是因为目标比较容易达成。这样分显然不合理，王五要站出来调整这种分配结构。

第 2 种股票期权分法是张三分得 5000 份，李四分得 5000 份，是在第 1 种分法的基础上，王五人为做出的调整。王五调整时想，给张三的不能调整得太多，毕竟李四的分数比张三的分数高，五五分双方是平均的，这样也许双方都没有怨言。

张三和李四的股票期权五五分是大锅饭式的分法，这样分的唯一好处是简单、平均。这种分法虽然解决了第 1 种分法的弊端，但却造成了平均主义，并没有从根本上解决问题。

### 3. 六四分

很多人也看出了五五分分法的问题——团队成员间总有主次差别，平分怎么能看出团队成员间的主次差别呢？如果团队一直平分利益，那做得好、付出多的人一定不会再努力，做得少、付出少的人也可能会越来越差。王五不能做"老好人"，要勇敢地让绩效高的人分得更多。

第 3 种股票期权分法是张三分得 6000 份，李四分得 4000 份，是在第 2 种分法的基础上进一步做出的调整。调整的依据是张三能力较强，是团队的主力，虽然绩效考核分数低，可实际上为团队付出了更多。

张三和李四的股票期权六四分是拍脑袋式的分法，张三不知道自己为什么分得 6000 份，李四不知道自己为什么分得 4000 份。这种分法虽然能解决第 1 种和第 2 种分法的问题，但依然没有从根本上解决问题。

按照这种分法，李四可能会奇怪，为什么自己绩效考核分数很高，但只能分得 4000 份？难道团队是论资排辈吗？张三也可能会奇怪，自己绩效考核分数只有 60 分，竟然还能分得 6000 份，那之后是不是不用追求绩效考核得高分呢？

既然这 3 种股票期权的分法都不行，那应该如何分配呢？

实际上，前面所有分法实施的逻辑框架都错了，错在试图将绩效考核分数与利益分配相关联。绩效考核分数是根据岗位目标达成情况得出的，这个分数的高低与目标制定的难易程度直接相关。

绩效考核分数低，很可能是因为目标制定得比较高，这时就算最终的绩效考核分数低，也不能说员工一定不优秀。很可能是员工比较有追求，或管理者对员工的要求较高，才会制定比较难达成的目标。

绩效考核分数高，很可能是因为目标制定得比较低，这时就算最终的绩效考核分数高，也不能说员工一定优秀。很可能是员工为了逃避有难度的工作，或管理者对员工的要求较低，才会制定比较容易达成的目标。

那么，分配利益，应当采用什么逻辑呢？

正确的分配方式，应当是评价员工成果的贡献度，根据贡献度的高低来划分利益。上述案例中，假如张三对整个团队的贡献度是 80%，李四对整个团队的贡献度是 20%，则张三应当被分配到 8000 份股票期权，李四应当被分配到 2000 份股票期权。

在利益分配方面，评价贡献度，比评价绩效考核分数更合理。贡献度的评价需要了解以下几点。

### 1. 贡献度是在一个维度上比较

因为员工之间的绩效考核分数来自员工的目标达成情况，员工岗位不同，目标也有所不同，所以比较绩效考核分数实际上是在不同维度下比较员工，是拿苹果和梨做比较，是不可比的。比较贡献度，是在整个团队的需求层面看员工的成果，是在相同维度下比较员工，是拿苹果和苹果做比较，是可比的。

### 2. 贡献度是零和博弈

在一个团队中，贡献度的总和是 100%。某个员工的贡献度高，抢占了贡献度的份额，决定了团队其他员工的贡献度必然相对较低。为了获得高贡献度，每个员工都要努力工作，让自己的工作成果对团队的贡献更大，这样有助于形成比学赶超的团队氛围，让团队中的每个人都拼命奔跑。

### 3. 贡献度不会造成员工不敢定高目标

采用贡献度分配利益后，员工不用担心自己目标完成情况不好造成的绩效考核分数低对自己不利，不需要在制定目标的环节小心谨慎，可以大胆为自己制定高目标。这时候，高目标不仅对团队有利，对员工也是有利的。此时的高目标成了员工的追求，同时也是对员工的鞭策。

## 4.1.3 管理程序 > 管理工具

不知道从什么时候开始，企业间流传着这样一种说法——OKR（Objectives and Key Results，目标与关键成果法）比 KPI（Key Performance Indicator，关键绩效指标）更先进，或者 KPI 已经过时了，OKR 才是公司应该采用的。

受这种思想的影响，很多人纷纷抛弃 KPI，投入 OKR 的怀抱，甚至有人开始大肆批评 KPI 的落后。可事实真的是这样吗？

小米公司的主要创始人雷军曾经在 2016 年提出"开心就好"，不再强调手机的销量。但在 2016 年时，小米手机的销量出现了问题。2017 年 1 月，雷军在小米年会上发表演讲，提出了销售破千亿元的指标，并确定开零售店的计划。雷军当时表示，在未来 3 年，小米要开设 1000 家小米之家。雷军说的小米的目标，其实还是 KPI 的概念。

事实上，绩效管理是一种非常古老的管理方法。可以说自从人类出现大规模的协作劳动开始，就有了绩效管理的思想雏形。比如，秦汉时期的考课制度，就是通过对官员政绩的考察，决定对官员的赏罚。商鞅变法中的赏罚制度，其实本质上也是一种绩效管理制度。从最古老的绩效管理制度，到现代的绩效管理制度，绩效管理的本质其实没有发生比较大的变化。

不论是 OKR 还是 KPI，它们都是绩效管理工具，并不是绩效管理程序。它们有各自的应用场景。如果能正确应用这两种工具，它们在绩效管理核心的方法上都不会脱离绩效管理的基本框架，也不会偏离绩效管理的核心理念，更不会改变绩效管理的核心本质。

绩效管理中有 3 个关键词，分别是绩效管理工具、绩效管理程序、考核评价方法。正是因为很多人都分不清楚这 3 个关键词之间的差异，总是把这 3 个词混为一谈，所以才会对绩效管理产生很多误解，不能发挥绩效管理的作用。

绩效管理工具、绩效管理程序和考核评价方法之间有很强的关联性，它们都是为了发挥绩效管理的作用，但它们是完全不同的 3 个概念。

绩效管理过程中常见的绩效管理工具有 5 种，分别是目标管理（MBO）、关键绩效指标（KPI）、目标与关键成果法（OKR）、关键成功因素（KSF）、平衡计分卡（BSC）等。

常见的绩效管理程序一般包括 6 步，分别是绩效指标分解、绩效计划制定、绩效辅导实施、绩效考核评价、绩效反馈跟踪和绩效结果应用等过程。

常见的考核评价方法有 7 种，分别是关键事件法、行为锚定法、行为观察法、加权选择法、强制排序法、强制分布法、360 度考评法等。

治大国如烹小鲜，我们拿烹饪举例子。假如张三肚子饿了，他出门买了菜要自己做饭。这时候，张三可以选择用电磁炉炒菜，也可以选择用天然气炒菜；可以选择用不粘锅炒菜，也可以选择用铁锅炒菜；可以选择用铁铲子炒菜，也可以选择用木头铲子炒菜。

张三选择什么样的工具炒菜，与张三当时所处情况、用餐习惯、一起用餐人员的接受程度，以及成本、效率等多个因素有关。炒菜用的工具虽然会在一定程度上会影响菜品的口味，但它不会影响炒菜的基本流程。

不论用什么传统的炒菜工具，炒菜几乎都要经历洗菜、切菜、炒制、调味、装盘这一系列过程。不论用什么工具，都不会改变炒菜的最终目的——为了吃饱和吃好。张三在炒菜过程中用到的工具就像绩效管理需要用到的绩效管理工具；张三实施的整个炒菜流程，就像是绩效管理程序；菜炒出来之后，张三对菜品口味的评价，就像是考核评价方法。

那些说 KPI 过时了，鼓吹 OKR 才是正解的人，是在人为定义两种绩效管理工具的好与坏，是把 KPI 假想或曲解成一个落后的工具。这就好比某人说："用铁铲子炒菜已经过时了，用木头铲子炒菜才对。原因是用木头铲子炒菜，炒菜的流程会更简单。本来用铁铲子炒不熟的菜，现在用木头铲子就炒熟了。"这种观点听起来是多么荒谬！

不论用什么锅，用什么铲子，其实炒菜的基本流程都差不多。绩效管理也是这个道理，不论公司用 KPI 还是 OKR，或是用更复杂的 BSC，整个绩效管理操作的程序和流程其实是差不多的。最能决定公司绩效管理能否有效落地的，其实不是公司用的是 KPI 还是 OKR，而是绩效管理的程序能不能有效运用。

绩效管理工具没有所谓的过时，只有适合与不适合。如果把公司所处的阶段比作人生所处的阶段，绩效管理不像外穿的衣服，有过时与不过时之说，而更像是人在不同阶段阅读的书籍，不同年龄、不同阶段、阅读不同的书籍。对某些人来说已经不需要阅读的书籍，对处在那个人生阶段的人而言却是需要的。

实际上，绩效管理程序和绩效管理工具同等重要。如果非要说哪个更重要，绩效管理程序比绩效管理工具更重要。这就像评比做菜的技术更重要还是做菜的工具更重要，大多数情况下，二者同等重要，但如果硬要区分主次，那还是做菜的技术更重要。毕竟，技术是一种能力，而工具只是一种达成目标的生产资料。

### 4.1.4 绩效管理架构与职责

公司要想有效地实施绩效管理，需要各部门有机结合、划清职责、相互沟通、共同努力。

微观的绩效管理实施过程是考核人和被考核对象之间形成的，针对被考核对象的绩效而进行的一系列沟通和管理的过程。宏观的绩效管理实施过程是由公司董事会发起的，体现在公司各层级管理者日常工作中的过程。

实施绩效管理需要参与的机构包括绩效管理委员会、绩效管理小组、人力资源部、数据提供部门。实施绩效管理的关键岗位包括公司的总经理、人力资源部分管副总、人力资源部绩效管理实施人员，当然还包括微观绩效管理中的考核人（上级）和被考核对象（下级）。

图 4-2 所示为绩效管理机构图。

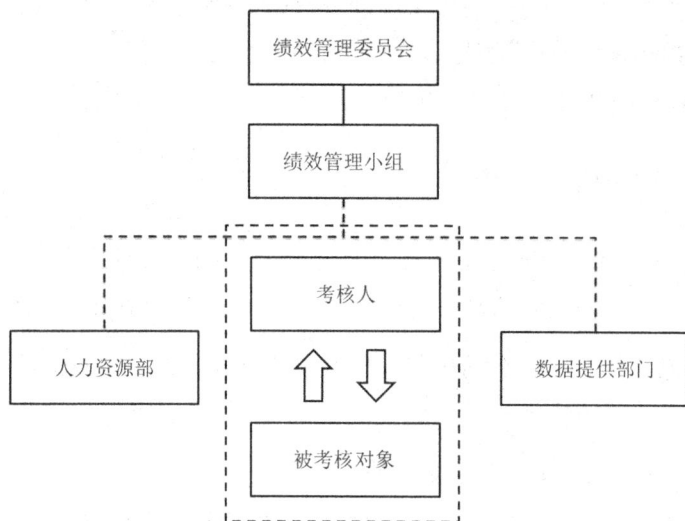

图 4-2 绩效管理机构图

对于实施绩效管理过程中必备的机构、岗位，为了更好地实施绩效管理，它们有不同的定位、职责和分工，具体内容如下。

### 1. 绩效管理委员会

绩效管理委员会是绩效管理的顶层设计机构，负责从总体上把握绩效管理的方向、尺度、深度和温度（员工感受），同时监控绩效管理的实施过程，落实绩效结果的应用。它一般由组织最高领导层中的核心成员组成，如董事长、董事会核心成员、大股东代表等。

绩效管理委员会的职责如下。

● 公司绩效管理制度的审核、评估和执行，确保绩效管理的客观、合理、和谐。

- 对公司发展目标的制定提出建议，并持续跟进目标的完成情况。
- 听取各方意见，不断改善绩效管理的实施过程。
- 遵循绩效管理委员会的会议制度，定期召开例会或紧急会议，并将会议结果进行公示。
- 绩效考核申诉的最终裁定。
- 监督绩效结果的执行、应用，以及改进方案的推进执行。
- 对绩效持续无改进者做出必要的人事变动。
- 设计并实施针对绩效结果的奖惩方案。

### 2. 绩效管理小组

绩效管理小组是绩效管理工作的具体实施机构，负责实施过程中实操层面的组织、推进、引导和审核。绩效管理小组一般由公司核心管理团队担任，如总经理、副总经理、各部门总监、财务中心负责人、人力资源部负责人等。

绩效管理小组的职责如下。

- 修订、审核组织的绩效考核管理制度。
- 组织并协助拟定公司的总体绩效目标，参加绩效管理会议。
- 审议高管年度绩效合约内容。
- 督导公司绩效管理工作的开展。
- 接受绩效申诉，权衡结果给出意见并上报给绩效管理委员会。
- 定期组织召开公司绩效评价会议。
- 监督公司各部门及分公司、子公司执行考核，并汇总分析考核结果。
- 组织与启动公司绩效面谈工作。
- 组织公司内部绩效管理培训。
- 必要时召开临时会议。

### 3. 总经理

总经理在绩效管理工作中的地位最为重要和特殊，他既是考核人又是被考核对象。相对于董事会来说，总经理是被考核对象；相对于公司各部门负责人来说，总经理是考核人。总经理通常是绩效管理小组的组长，是公司绩效管理工作的最高指挥官。

总经理的职责如下。

- 审批公司副总经理及以下层级的绩效管理制度。
- 传递公司对部门绩效的要求和期望。
- 在充分沟通的基础上，与所管理部门的负责人制定并签署绩效合约。
- 对所管理部门副总经理以下人员的绩效申诉进行裁决。
- 主持召开绩效管理小组会议（包括定期例会和业绩评价会议）。
- 组织有关绩效管理政策、制度和办法的讨论。
- 审批公司副总经理及以下人员的奖金分配办法。
- 作为组长，代表绩效管理小组签发相关文件。
- 作为组长，在绩效管理小组的讨论中做出最终裁决。

### 4. 分管绩效管理或人力资源部的副总经理

分管绩效管理或人力资源部的副总经理通常负责绩效管理工作的整体推进、监控和实施，是绩效管理中一些重大事项的决策者，通常担任绩效管理小组的副组长。

分管绩效管理或人力资源部的副总经理的职责如下。

- 审核公司绩效管理制度。
- 分解公司绩效目标。
- 审核各职能部门绩效业务指标，并进行定期回顾和调整。
- 审核把关副总经理以下人员的绩效申诉。
- 作为副组长，协助组长组织、召开绩效管理小组会议。
- 协调各部门和人力资源部运行和推进公司的绩效管理工作。
- 负责与各部门及分公司、子公司沟通最终考核结果。

### 5. 各部门管理者

各部门管理者是绩效管理的具体执行者，这部分人员的素质及对绩效管理的认知决定了绩效管理工作能否真正落地。

各部门管理者的职责如下。

• 负责对本部门下属实施绩效管理工作，包括设定绩效目标、过程中的检查和辅导、收集考核数据、沟通和反馈考核结果。

• 与直接下属制定并签署绩效合约，并进行持续的绩效沟通。

• 评估直接下属的绩效，协调和解决其在评估中出现的问题。

• 向人力资源部提供考核数据结果以及对绩效体系的意见。

• 协调处理下属的绩效申诉。

• 对下属进行绩效面谈。

• 帮助下属制定绩效改进计划。

• 根据绩效评估结果和人事政策做出职权范围内的人事建议或决策。

### 6. 人力资源部

人力资源部是绩效管理的实施机构，负责绩效考核的统筹和组织工作。

人力资源部的职责如下。

• 拟订并完善组织的绩效管理相关制度，完善绩效管理体系。

• 组织并指导各部门建立绩效考核的指标、目标和标准。

• 提供绩效管理培训，明确绩效管理流程，设计并提供绩效管理相关工具。

• 建立绩效管理档案。

• 受理各部门的绩效申诉。

• 收集、汇总、分析各方对绩效管理工作的反馈意见。

• 组织并指导相关数据的收集工作，收集、汇总、分析考核结果。

• 根据评估结果和公司的人事政策，向决策者提供人事决策的依据和建议。

### 7. 数据提供部门

数据提供部门是考核数据的提供机构，是指所有可能需要提供绩效管理相关数据的部门，可能包括财务中心、数据中心、信息中心等部门。

数据提供部门的职责如下。

- 负责提供绩效目标设定需要的相关信息或数据，并做出必要的分析。
- 负责提供绩效指标实际完成情况的相关数据。

### 8. 所有被考核对象

被考核对象是公司价值的创造者，也是公司绩效的具体落实者。

被考核对象的职责如下。

- 充分认识并理解组织的绩效管理体系。
- 与直接上级沟通确定自己的绩效目标，并签署和执行绩效合约。
- 既要肯定自己的优势，也要积极面对自身的不足。
- 努力提升自身能力，更好地完成本岗位职责，争取获得更好的绩效。

## 4.2　绩效管理工具

常见的绩效管理工具有 5 种，分别是目标管理（MBO）、关键绩效指标
（KPI）、目标与关键成果法（OKR）、关键成功因素（KSF）、平衡计分卡（BSC）
等。这 5 种绩效管理工具各有其适用特征。

### 4.2.1　MBO 的应用方法

目标管理（Management by Object，MBO）最早由管理大师彼得·德鲁克
（Peter Drucker）在 1954 年提出。他指出，公司的使命和任务必须转化为目标；
并不是因为有工作才有目标，而是因为有目标才有工作。

管理者应该通过目标管理下级，当组织目标确定后，各级管理者必须将其
有效分解，转变成每个部门和岗位的子目标。组织中的各级管理者根据部门和
岗位的子目标的完成情况对下级实施评价、考核和奖惩。

MBO 的实施逻辑类似于 PDCA（Plan 计划，Do 执行，Check 检查，Act
处理）管理循环，是一个设定目标、执行目标、评估目标和改进目标的循环管
理过程，如图 4-3 所示。

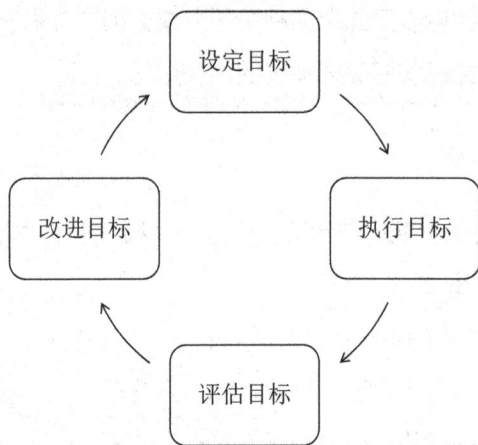

图 4-3 MBO 的实施逻辑

### 1. 设定目标

设定目标是实施 MBO 的第 1 步，也是整个 MBO 实施逻辑的核心环节。MBO 强调对目标的管理，因而目标是整个 MBO 的灵魂。在公司中实施 MBO，首先要保证公司和部门有对应的目标，更重要的是保证各岗位要有目标。

### 2. 执行目标

执行目标是实施 MBO 的第 2 步，是保障目标落地的关键步骤。目标是方向，要朝着这个方向前进，免不了要有努力的过程。如果设定目标之后，相关岗位的员工不重视目标，不围绕目标工作，目标将会形同虚设，从而偏离最初的计划。

### 3. 评估目标

评估目标是实施 MBO 的第 3 步，是评价目标完成情况的重要环节。目标是否达成需要进行评价。为了更好地达成目标，管理者需要进行复盘。通过评价与复盘，管理者可以判断目标的完成情况，从而为下一步分析改进提供依据。

### 4. 改进目标

改进目标是实施 MBO 的第 4 步，是绩效提升和岗位能力发展的有力保障。不论目标是否达成，都涉及目标的改进。当目标达成时，公司可以评估目标达成的原因，判断是否存在进一步提升的空间；当目标未达成时，公司可以评估目标改进的方法，以寻求达成目标。

从组织发展的角度，MBO 的整个实施逻辑虽然都是围绕目标展开的，但它并不是一个只关心目标的冰冷工具。公司在运用 MBO 的时候，要与绩效管理程序相匹配。

MBO 中的目标，实际上是把组织层面的目标分解为岗位层面的目标，把大目标分解成小目标。实现目标的过程中，公司既要关心组织层面的价值，又要关心员工个人的价值，实现组织与员工的双赢。

为了更好地设计目标，实施 MBO 的过程需要对战略进行分解；为了更好地执行目标，实施 MBO 要关心员工的工作环境；为了更好地评估目标，实施 MBO 要了解公司的整体状况；为了更好地改进目标，实施 MBO 也要关心员工的个人成长与职业发展。

从管理者的角度，实施 MBO 并不代表可以一言堂式地给员工强加目标，也不代表只能被动等待或接受员工为自身岗位设计的目标，而是应当和员工一起设计符合岗位实际的目标。

在员工执行目标的过程中，如果员工的能力离完成目标有一定差距，管理者要适时地辅导员工。如果员工为了实现目标需要某种资源支持，管理者应当视情况帮助员工获取资源。

从管理者的角度，MBO 强调员工的管理者和员工一起定期检查、评估目标的完成情况，并持续将结果反馈给员工。在整个过程中，管理者要持续地引导员工自己评价预先设定好的目标，鼓励员工拥有自我发展的意识，激发员工的内生动力。

从员工的角度，员工要尊重 MBO 的目标，积极配合公司设计和实施本岗位的目标。岗位的目标对员工来说不只是一种压力，还是员工证明个人能力、实现个人价值的有力方式。通过不断达成岗位目标，员工能够获得能力成长与价值变现。

公司遵循 MBO 的实施逻辑，不断为岗位设定目标、改进目标，有助于增加管理岗位的工作成果，评价岗位的工作成效，让各岗位的绩效获得不断提升，从而不断发展岗位目标，如图 4-4 所示。

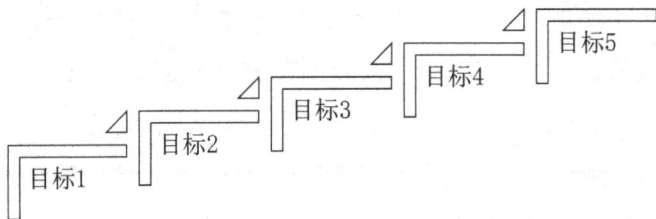

图 4-4　公司实施 MBO 后的岗位目标发展情况

岗位目标发展的过程同样类似于 PDCA 的管理循环。当较低水平的目标达成时，经过总结复盘，员工可以尝试追求较高水平的目标。当较高水平的目标达成时，经过继续总结复盘，员工可以达成更高水平的目标。

随着不断达成新的岗位目标，持续总结复盘，岗位目标能够不断提升，使员工为公司创造更大的价值。

【举例】

某 A 股上市公司以线下超市连锁为主业，以区域一体化物流为支撑，以发展现代农业生产基地和食品加工产业链为保障，具有以经营生鲜为特色的全供应链，是多业态的综合性零售渠道商。

该公司目前拥有直营连锁门店 750 家，员工 2 万余人，是所在区域快速消费品领域连锁零售的龙头企业。该公司从 1995 年开始发展，如今的年营业收入已经接近 150 亿元，会员人数超过 700 万人。

该公司的快速发展，得益于公司高层对目标的重视，以及对业绩的强调。为了引导公司各层级重视目标和业绩，公司采用的绩效管理工具为 MBO。

在大规模的线下零售业当中，运营部通常充当着公司大脑的角色。该公司的运营部统筹管理着整个公司的运营工作，是公司正常运营的重要管理机构。

该公司运营总监的主要职责如下。

1. 根据公司战略，制定公司整体营销工作的长短期规划。

2. 制定全年每月各部门预算，然后分解下发各部门，并组织实施。

3. 建立公司多业态营运组织架构与管理体系和品牌营运策略。

4. 公司营运标准和流程的制定与规范。

5. 会员积分兑换政策、招商流程、租赁商与联营商现场管理规范的制定。

6. 监督、检查各部门执行岗位职责和行为规范。

7. 负责检查、监控门店的内部管理，认真执行公司营运标准流程。

8. 加强对门店营运费用的预算和管理，确保将费用控制在公司规定的范围内。

9. 根据门店实际管理状况下达整改通知，填写奖罚通知，根据权限按照程序执行。

10. 负责组织检查所属下级部门工作，做出评定并定期上报。

11. 公司批准开店计划后，负责筹备新店，负责企划、人员配备、设备配置、营运、陈列、收货等相关工作的跟进到位，协调相关部门配合工作，保证新店按时开业。

12. 按工作程序做好与相关部门的横向联系，并及时对部门间争议提出界定要求。

13. 定期召开营运例会和门店经营会议，对问题门店制定整改方案并上报给总经理。

14. 负责全公司设备的安全防范与应急处理工作。

该公司运营总监岗位的 MBO 如表 4-3 所示。

表 4-3　某公司运营总监岗位 MBO

| 序号 | 目标项目 | 20×× 年目标 | 20×× 年结果 | 权重 | 分数 |
| --- | --- | --- | --- | --- | --- |
| 1 | 总销售 | | | 10% | |
| 2 | 可比门店增长率 | | | 15% | |
| 3 | 毛利率 | | | 10% | |
| 4 | 运营成本 | | | 15% | |
| 5 | 息税前利润率 | | | 5% | |

| 序号 | 目标项目 | 20××年目标 | 20××年结果 | 权重 | 分数 |
|------|----------|-----------|-----------|------|------|
| 6 | 新店开业 | | | 5% | |
| 7 | 员工劳效 | | | 10% | |
| 8 | 人工费用率 | | | 15% | |
| 9 | 损耗率 | | | 10% | |
| 10 | 周转天数 | | | 5% | |
| 总计 | | | | 100% | |

## 4.2.2　KPI 的应用方法

关键绩效指标（Key Performance Indicator，KPI）是通过对组织内部流程输入和输出的关键参数进行设置、取样、计算、分析，以衡量绩效的目标式量化管理指标，是组织实现战略目标需要的关键成功要素的归纳和提取，是常见的用来衡量不同部门或岗位人员绩效表现的量化指标。

KPI 通过把组织层面的发展方向和具体每个岗位的工作方向联系在一起，不仅为每个岗位明确了工作的方向，而且明确了工作的目标，形成了岗位的 KPI。通过完成岗位的 KPI，公司能够达成目标、实现战略。

公司实施 KPI 绩效管理工具，需要完善以下组成要素。

### 1. 指标系统

KPI 包含 2 层含义，第 1 层含义是方向，第 2 层含义是目标。岗位的 KPI 本身表示岗位工作的方向，表明了岗位工作的重点和关键成果的输出。

每个岗位 KPI 对应的目标值，表明了岗位工作成果要达到的程度。所以每一个 KPI 既要有导向性，又要有目标值。

在一个公司当中，KPI 的指标系统分成组织的 KPI、部门的 KPI 和岗位的 KPI。KPI 系统如图 4-5 所示。

组织的 KPI 对应着组织的目标；部门的 KPI 是由组织的 KPI 分解而来，对组织的 KPI 起支撑作用，对应着部门的目标；岗位的 KPI 是由部门的 KPI 分解而来，对部门的 KPI 起支撑作用，对应着岗位的目标。

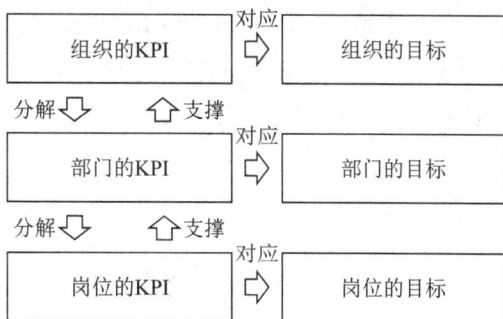

图 4-5　KPI 系统

组织的 KPI、部门的 KPI 和岗位的 KPI 共同组成了公司的 KPI 系统。在一些管理咨询公司，随着实施绩效管理案例的积累，可以形成指标库。指标库中可以包含不同层级、不同岗位类型、不同时间周期的指标类型。

【举例】

某公司组织层面的 KPI 分别为销售额达到 $N$ 元，顾客数量达到 $N$ 人，人均利润达到 $N$ 元，成本控制在 $N\%$。

为了实现组织层面的 KPI，市场部门的 KPI 分别为销售增长率为 $N\%$，货款回收率为 $N\%$，新增顾客数量达到 $N$ 人，销售队伍总数控制在 $N$ 人，营销费用率控制在 $N\%$，售后服务费率控制在 $N\%$。

为了实现部门层面的 KPI，销售业务员岗位的 KPI 分别为销售额达到 $N$ 元，新增顾客数量达到 $N$ 人，营销费用控制在 $N$ 元。

### 2. 衡量系统

KPI 的组成要素除了指标系统之外，还要有配套的指标衡量系统。只有可衡量的指标，才能够被定性。对 KPI 的衡量，是为了对岗位的工作成果实施评价，是为了得出员工绩效结果的结论。

KPI 的衡量并不是人力资源部一个部门能够完成的，它还需要关联部门的协作与支持。在 KPI 的衡量系统中，要定义指标数据结果的提供部门，要明确数据提供部门的具体职责。为保证数据提供部门履行职责，还要制定数据提供相关的奖罚政策。

在一些公司，数据提供部门可能包括财务中心、数据中心、信息中心等部门。数据提供部门的职责主要是负责提供绩效目标设定需要和实际完成情况的相关信息或数据，并做出必要的分析。

### 3. 应用系统

徙木立信，赏罚分明是绩效管理能够顺利实施并发挥作用的重要保障。对KPI衡量的下一步，是对KPI结果的应用。

KPI的应用系统，是把KPI的评价结果应用到其他管理方式中的过程。根据"目标—承诺—结果—应用"的原则，在KPI的评价结果得出之后，公司可以根据绩效管理制度进行相应的应用。

【举例】

某公司是一家财务管控型的集团公司，集团公司共有6000余人，下设20余家子公司，各子公司分别从事不同的关联产业。这些子公司中，有大约1/3属于高新技术生产制造业，大约2/3属于劳动密集型生产制造业。

该公司设置生产总监岗位的主要目的是根据公司的总体战略，完成公司下达的年度经营目标和生产任务，负责公司整体生产经营计划的制定、执行和监督工作，负责日常生产经营管理工作及处理重大突发事件。

该公司生产总监岗位的主要职责包括如下内容。

1. 组织、督促各车间按照生产计划保质保量按时完成各项生产任务。

2. 及时掌握销售订单与发货的相关信息，监督生产，为销售服务，满足市场需求。

3. 协调销售部门生产情况的沟通。

4. 协调质量部门对车间原材料的试验工作及成品质量管理工作。

5. 协调工艺部门对工艺参数的试验工作。

6. 协调设备部门对生产设备的修理、保养工作。

7. 协调各个车间的生产管理需求。

该公司生产总监岗位的KPI如表4-4所示。

表 4-4　某公司生产总监岗位 KPI

| | 考核指标 | 目标 | 占比 | 指标定义 | 数据提供形式 | 数据提供部门 |
|---|---|---|---|---|---|---|
| 主考核项（基准分 100） | 定量指标 生产成本控制达成率 | 100% | 25% | （1−生产成本÷产值）×100% | 财务报表 | 财务中心 |
| | 产品质量合格率 | 95% | 20% | 高于目标时：[1+（实际−目标）÷目标]×100% 低于目标时：[1−（目标−实际）÷目标]×100% | 质量报告 | 质量管理部 |
| | 销售收入达成率 | 100% | 15% | 实际完成销售额÷预算销售额×100% | 财务报表 | 财务中心 |
| | 人均劳效上升、人力费用率持平 | 100% | 10% | 人均劳效：年度销售额÷总人数×100% 人力费用率：人力费用总额÷年度销售额×100% 人均劳效和人力费用率各占 5% 的比例 人均劳效提升目标同销售额提升目标 人力费用率与×××年持平 | 人力资源报表 | 人力资源部 |
| | 净利润达成率 | 100% | 5% | 实际完成净利润÷预算净利润×100% | 财务报表 | 财务中心 |
| | 定性指标 岗位职责履行 | 岗位职责 | 25% | 总经理交办事务落实及执行率（20%） 质量管理体系完善（20%） 外协加工（外协供应商管理，包括资格审核、主副配备等）（10%） 有效订单计划完成率（20%） 人才的培养与培训（10%） | 总经理打分 | 总经理 |

续表

| 考核指标 | | 目标 | 占比 | 指标定义 | 数据提供形式 | 数据提供部门 |
|---|---|---|---|---|---|---|
| 辅助考核项（加减分项） | 定量指标 废旧物资利用率 | 同财务目标 | 每超过1%，扣2分 | 生产过程中废旧物资的再利用比率 | 财务报表 | 财务中心 |
| | 一线员工的离职率 | 不超过20% | 每超过1%，扣2分 | 企业主动淘汰的不算在内 | 离职率报表 | 人力资源部 |
| | 评级工伤人数 | 不超过5人 | 每超过1人，扣5分 | 发生工伤后，参与伤残鉴定、等级构成伤残的人数 | 工伤统计报表 | 人力资源部 |
| | 重点人才保留率 | 不低于70% | 每低于10%，扣5分 | 上一年入职大学生及现有人才留下的比率，企业主动淘汰的不算在内 | 人力资源报表 | 人力资源部 |
| | 一般安全事故 | 不超过2起 | 每超过1起，扣5分 | 除重大生产安全事故，不包括工伤类事故，瞒报一票否决 | 安环报告 | 安环工程部 |
| | 生产过程中重大质量事故 | 0 | 每发生1起，扣5分 | 生产过程中发生事故，单次经济损失在10万元以上 | 质量报告 | 质量管理部 |
| | 生产质量问题引起顾客投诉 | 0 | 每发生1起，扣5分 | 经确认是我方生产质量原因造成的产品质量问题 | 质量报告 | 质量管理部 |
| | 重大失密事故 | 0 | 每发生1起，扣5分 | 涉密信息违规上传到信息系统或与互联网连接的计算机，造成泄密；密级文件丢失、被窃取造成泄密；携带秘密信息出境造成泄密；重要会议、活动出现泄密。生产经营造成安全，生产经营造成严重危害或威胁，对公司声誉产生较大社会影响，造成较大社会影响，需要公司调度力量、资源应急处置的突发事件 | 失密核查报告 | 董事会办公室 |

续表

| 考核指标 | 目标 | 占比 | 指标定义 | 数据提供形式 | 数据提供部门 |
|---|---|---|---|---|---|
| 一票否决项（发生则得分清零） | 重大生产安全事故 | | 1. 造成 1 人以上（含 1 人）死亡的或造成 2 人以上（含 2 人）重伤的生产安全事故<br>2. 发生火灾事故，造成公司经济损失超过 20 万元的<br>3. 被安监部门、消防部门责令停产停业整顿的，或被以上部门处以 20 万元以上罚款的<br>4. 损坏设备设施价值 100 万元以上或其他影响生产的因素造成经济损失 100 万元以上 | | 安环工程部 |
| | | | 排放、倾倒危险废物，构成"严重污染环境"的或被环保部门处以 5 万元以上罚款的 | | 安环工程部 |
| | | | 受到重大刑事、民事、行政等相关部门的处罚，金额超过 50 万元，或者被依法剥夺人身自由、限制和剥夺特定行为能力的 | | 董事会办公室 |

### 4.2.3 OKR 的应用方法

目标与关键成果法（Objectives and Key Results，OKR）的创始人是英特尔公司前 CEO 安迪·格鲁夫（Andrew Grove）。在 1976 年左右，英特尔公司面临从存储器业务到处理器业务的转型，格鲁夫为了让全员都明确工作的重心，提出高产出管理，开始在公司内推行 OKR。

OKR 把公司、团队和岗位的绩效成果分成 O（Objective，目标）和 KR（Key Result，关键成果）两个部分。通过岗位 OKR 的达成保证团队 OKR 的达成，通过团队 OKR 的达成保证公司 OKR 的达成，从而达成公司的目标，实现公司的战略。

OKR 在应用的时候，可以分成 O（Objective，目标）、KR（Key Result，关键成果）和 T（Task，任务）3 个部分。每个 O（目标）都对应着 KR（关键成果），每个 KR 都对应着不同的 T（任务）。当 T 完成的时候，KR 也相应能够完成。当所有 KR 全部完成的时候，对应的 O 也应当能够全部完成。

OKR 的逻辑组成关系如图 4-6 所示。

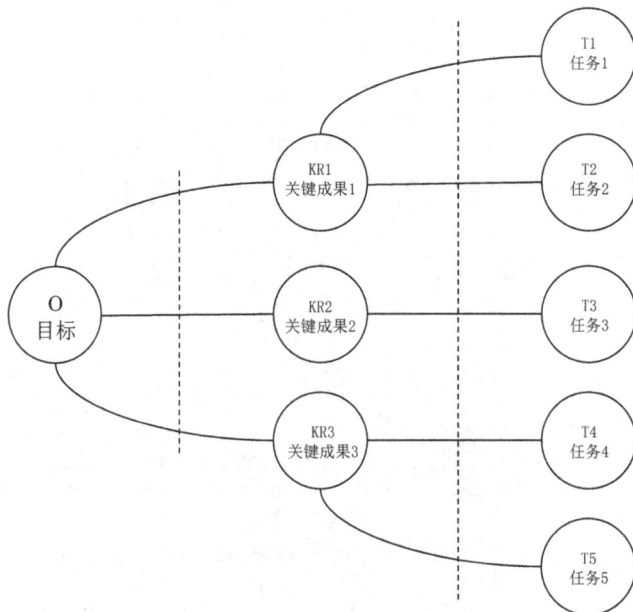

图 4-6　OKR 的逻辑组成关系

OKR 的逻辑组成关系就像是一架火箭。O 就像是火箭的头部，是火箭承载的关键部位。KR 就像是火箭的助推器，起到承载火箭的作用。T 就像是发动火箭的燃料，起到全面推进的作用。

### 1. O( 目标 )

OKR 中的 O 要遵循 SMART 原则，即具体的（Specific）、可以衡量的（Measurable）、可以达到的（Attainable）、与其他目标具有一定的相关性的（Relevant）、有时间限制的（Time-based）。

这里需要注意，OKR 中的 O 不必刻意追求"定量"，也可以是"定性"的描述。有时候为了鼓舞团队的士气，O 可以是比较宽泛、比较宏观的目标。例如某大型互联网公司 App 产品项目团队的目标是"在年底之前，在 × 领域，成为市场上用户数量最多的 App 产品"。

这个目标虽然没有明确量化的数字，但也是比较"具体的"目标，遵循了 SMART 原则。而且"最多"比较具有挑战性，具有煽动性，具有鼓励团队的性质。相比之下，如果该团队的目标改成"在年底之前，在 × 领域，App 产品的用户数量超过 100 万"，虽然有了明确的数字，但在鼓舞人心的情感成分上却逊色不少。

另外需注意，虽然 OKR 中的 O 不刻意追求"定量"，但并不代表能"定量"的时候故意不"定量"，也不代表为了鼓舞团队士气，可以把目标定得不切实际。例如某公司当前在同类市场中与第 1 名的用户规模相差 10 倍，却盲目地将公司目标设定为"在年底前，在 × 市场中成为用户规模最大的产品"。这种不切实际的目标对实施 OKR 并无益处。

OKR 中的 O 要能够为组织创造价值，在制定出目标之后能鼓舞和促进团队达成目标，使团队通过努力能够控制达成进度，并且要有明确的时间限制。

### 2. KR( 关键成果 )

KR 是能够保证 O 实现的结果指标。KR 同样应当遵循 SMART 原则。1 个 O 通常对应着 3 ～ 4 个 KR。多个 KR 也常被表示为 KRs( 表示复数 )。多个

O 与对应的 KRs( 多个关键成果 ) 也常被表示为 OKRs( 多个目标与关键成果 )。

这里需要注意，OKR 中的 O 可以是定性描述，但 KR 应当追求定量。KR 是保证 O 实现的必要条件，对 O 的达成具有直接的支持作用。KR 不必强调情感成分，而是越具体、越量化越好。

KR 只需要关注关键项，不需要把所有与 O 相关的事项全部列出。KR 的内容要简单明了，考虑到所有的可能性。对于公司层面的 KR 来说，在设计的时候，要明确责任人。KR 的描述最好使用积极正向的语言。例如 "错误率达到 0" 的 KR 描述，就不如 "正确率达到 100%" 的 KR 描述。

KR 是结果导向的，而不是行为导向的。所谓结果导向，指的是 KR 的输出物是某项成果，而不一定是某个具体行为。KR 或 KRs 同样要有具体的目标。我们也可以这样理解，O 是大目标，KR 或 KRs 是为了完成大目标而制定的多个不同的小目标。这些小目标分别从不同的角度，支持 O 这个大目标的达成。

### 3.T( 任务 )

OKR 要得到有效的实施，除了 O 和 KR 之外，还要有 T 的支持。OKR 的 T 是与 KR 对应的。要达成每个 KR，需要完成 KR 对应的 T。设计 T 的基本原则是要对 KR 形成明显的支持作用，使每一个 T 都来自某个 KR。

KR 与 T 之间并非一一对应的。有时候，某个 KR 可能对应着多个 T，也就是要达成该 KR，需要完成多个任务。也有的 T 对应着多个 KR，也就是当完成某个任务的时候，对多个 KR 都具有支持作用。

OKR 在运用的时候，在公司和部门 / 团队的层面，一般不体现 T，主要体现 O 和 KR。但到了岗位层面，因为关系着绩效落地，就需要体现 T。T 经常是以岗位层面的任务计划或行动计划的形式出现的。

【举例】

某互联网公司的主营业务是某领域的功能性 App，其产品在国内同领域内具有一定的影响力。该公司以月度为单位实施 OKR。该公司的总经理负责统筹公司的产品开发，管理公司的经营发展，保障公司的平稳运营。

表 4-5 所示为该互联网公司总经理岗位 OKR 样表。

表 4-5　某互联网公司总经理岗位 OKR 样表

| O序号 | O内容 | O权重 | KRs序号 | KRs内容 | KRs权重 |
|---|---|---|---|---|---|
| O1 | 月底前，继续保持在国内同类市场中用户数量最多的产品地位 | 40% | KR1 | 月底前，总用户数量达到 1000 万人 | 20% |
| | | | KR2 | 月底前，日均活跃用户数量保持在 50 万人以上 | 40% |
| | | | KR3 | 月底前，软件总下载量在 3000 万次以上 | 40% |
| O2 | 月底前，产品进入东南亚市场，成为东南亚同类产品中的前 3 名 | 20% | KR1 | 月初完成全部东南亚市场产品的测试工作，保证产品达到上架标准，并保证产品全面在东南亚 App 市场上架 | 20% |
| | | | KR2 | 月底前，新产品上架推广活动获得 200 万次下载量 | 20% |
| | | | KR3 | 月底前，在东南亚获得 100 万的总用户数 | 40% |
| | | | KR4 | 产品上架后 1 个月内，下载量超过 400 万次 | 20% |
| O3 | 月底前，继续保持在国内同类市场中最高的用户满意度 | 20% | KR1 | 各主要 App 应用评分的平均分保持在 4.0 分以上（满分 5 分） | 40% |
| | | | KR2 | × 机构（某 App 权威评分机构）对公司 App 的评分在 8.5 分以上（满分 10 分） | 30% |
| | | | KR3 | 主要产品评价网站对 App 的好评率达到 85% | 30% |
| O4 | 月底前，保证新产品成功发布，成为国内同类市场中的高质量新品 | 20% | KR1 | 月初完成全部新产品的测试工作，保证新产品达到上架标准，并保证新产品在国内全面上架 | 20% |
| | | | KR2 | 月底前，召开新产品的产品发布会。发布会保证有 × 家主要媒体到场，发布会相关视频报道的总点击率达到 ×，阅读量达到 × | 20% |
| | | | KR3 | 月底前，新产品获得 150 万的总用户数 | 20% |
| | | | KR4 | 新产品上架后 1 个月内，下载量达到 500 万次 | 40% |

### 4.2.4　KSF 的应用方法

关键成功因素（Key Success Factor，KSF），也叫薪酬全绩效模式，是一种对员工创造价值实施激励的绩效管理工具。KSF 是把员工的薪酬和公司想要的绩效进行融合，寻找两者之间关注的平衡点，从而让员工和公司之间形成利益共同体，实现共创和共赢。KSF 不仅着眼于绩效的优化，更致力于同步提升员工的收入，激发员工的士气和创造力。

KSF 一方面着眼于公司绩效的改善，另一方面致力于提高员工的收入，强调让员工为自己工作，为了公司和员工共同的目标而工作。所以，KSF 既是绩效优化的方案，也是员工薪酬改革的方案。当每一个岗位的员工都能拿到高薪时，公司的业绩也必然超额达成。

KSF 模式的关键组成要素包含 4 类，如图 4-7 所示。

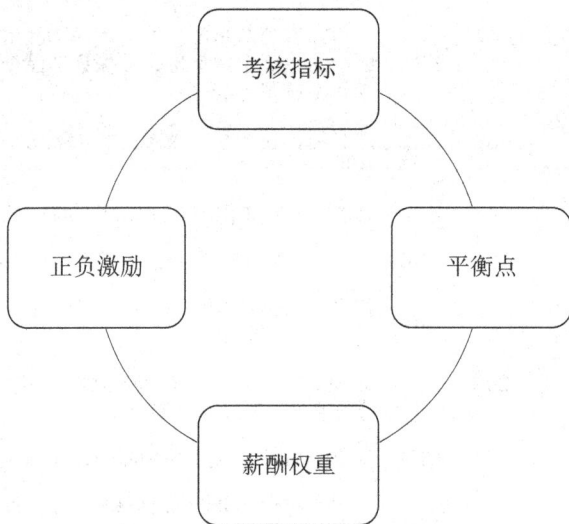

图 4-7　KSF 模式的关键组成要素

### 1. 考核指标

KSF 的考核指标是岗位的关键业绩结果，是公司期望岗位实现的最重要的输出价值。公司在设计 KSF 考核指标时，应当着重考虑岗位存在的核心价值结果，而不仅是岗位的职责。一般来说，一个岗位的 KSF 考核指标的设置数量应该控制在 5 ～ 8 项。

### 2. 平衡点

平衡点指的是 KSF 考核指标的平衡点，是指在通常状态下，岗位的 KSF 考核指标应实现的目标值。当某岗位的某项 KSF 考核指标达到平衡点时，该项考核指标对应的薪酬达到一般水平；当某岗位的某项 KSF 考核指标大于或小于平衡点时，该项考核指标对应的薪酬也将大于或小于一般水平。

### 3. 薪酬权重

薪酬权重是 KSF 考核指标对应的薪酬值，以及各 KSF 考核指标薪酬值占总薪酬（达到平衡点时）的比例。薪酬的权重一般应根据 KSF 考核指标的重要性来划分，实际上也是 KSF 考核指标的权重。

### 4. 正负激励

正负激励的含义是在 KSF 考核指标平衡点的基础上，增加或减少一定程度后，岗位获得薪酬增加或减少。有的 KSF 考核指标既有正激励，也有负激励，有的只有某一种激励。

除了以上 4 个要素之外，公司实施 KSF 时还需要注意一些实施细节和配套条件。比如在设置 KSF 考核指标的时候，要考虑 KSF 考核指标的数据提供部门以及数据提取的难易程度。如果数据难以提取，KSF 实施起来可能会非常困难。

很多采用 KPI 绩效管理工具的公司，采取的绩效考核模式是公司给员工定指标、定目标、压任务、做考核。绩效考核的重心变成了给员工施加压力，强调绩效的强制性，迫使员工完成目标，使员工较为反感。

采取这种绩效考核模式的公司在薪酬设置方面常常无法跟进，这类公司通常是将员工薪酬的一部分（比如 20%）作为绩效工资。当员工完成目标的时候，获得的绩效工资奖励不多；当员工没有完成目标的时候，绩效工资减少得也不多。

### 【举例】

某公司对员工采取月度绩效考核模式，员工每月的工资由两部分组成，分别是固定工资和绩效工资。绩效工资根据每月的绩效考核分数折算。

员工张三每月的工资基数为 10000 元，其中，固定工资为 8000 元，绩效工资为 2000 元。某月，张三的绩效考核分数为 50 分。从绩效考核评价结果来看，已经属于绩效水平严重不合格，其分数属于全公司当月的最低分数。

然而根据公司的绩效管理规则，张三该月的应发工资 =8000+（2000×50%）=9000（元）。

张三当月的绩效水平已经严重不合格，属于公司中最差的，可是张三当月的应发工资（9000元）与每月的工资基数（10000元）相比，仅减少了10%。

员工李四的工资基数和工资组成与张三相同。当月，李四的绩效考核分数为150分。从绩效考核评价结果来看，已经属于绩效水平超常完成，其分数属于全公司当月的最高分数。

然而根据公司的绩效管理规则，李四该月的应发工资=8000+（2000×150%）=11000（元）。

李四当月的绩效水平已经是公司最高，可是李四当月的应发工资（11000元）与每月的工资基数（10000元）相比，仅提高了10%。

和更强调岗位绩效目标的 KPI 相比，KSF 更趋向于价值分配和员工激励，是从薪酬发放的源头上寻找员工激励的落脚点。KSF 通过把薪酬与绩效全面融合，能够实现对员工潜能的挖掘，让员工充分参与公司的价值分配，因此也更容易让员工接受。

【举例】

某公司对员工采取 KSF 绩效管理工具。员工张三每月的工资基数为10000元。

某月，员工张三的 KSF 得分情况如表4-6所示。

表4-6　某公司某月员工张三的 KSF 得分情况

| 考核指标 | K1 | K2 | K3 | K4 |
|---|---|---|---|---|
| | A | B | C | D |
| 平衡点 | 100分 | 100分 | 100分 | 100分 |
| 月薪权重（100%） | 40% | 30% | 20% | 10% |
| 金额/元 | 4000 | 3000 | 2000 | 1000 |
| 奖励制度 | 每增加10分 | 每增加10分 | 每增加10分 | 每增加10分 |
| 奖励尺度/元 | 400 | 300 | 200 | 100 |
| 少发制度 | 每减少10分 | 每减少10分 | 每减少10分 | 每减少10分 |
| 少发尺度/元 | 400 | 300 | 200 | 100 |
| 当月得分/分 | 50 | 50 | 50 | 50 |
| 当月应发工资/元 | 2000 | 1500 | 1000 | 500 |

张三当月的绩效水平较差（各项皆为 50 分），在采用 KSF 绩效管理工具时，这种较差的绩效水平非常直接地体现在了薪酬水平上。张三当月的应发工资（5000 元）为月工资基数（10000 元）的 50%。

员工李四与员工张三的岗位相同，考核方式相同，月工资基数也相同。

某月，员工李四的 KSF 得分情况如表 4-7 所示。

表 4-7　某公司某月员工李四的 KSF 得分情况

| 考核指标 | K1 | K2 | K3 | K4 |
| --- | --- | --- | --- | --- |
| | A | B | C | D |
| 平衡点 | 100 分 | 100 分 | 100 分 | 100 分 |
| 月薪权重（100%） | 40% | 30% | 20% | 10% |
| 金额 / 元 | 4000 | 3000 | 2000 | 1000 |
| 奖励制度 | 每增加 10 分 | 每增加 10 分 | 每增加 10 分 | 每增加 10 分 |
| 奖励尺度 / 元 | 400 | 300 | 200 | 100 |
| 少发制度 | 每减少 10 分 | 每减少 10 分 | 每减少 10 分 | 每减少 10 分 |
| 少发尺度 / 元 | 400 | 300 | 200 | 100 |
| 当月得分 / 分 | 150 | 150 | 150 | 150 |
| 当月应发工资 / 元 | 6000 | 4500 | 3000 | 1500 |

李四当月的绩效水平较高（各项皆为 150 分），因为采用了 KSF 绩效管理工具，这种较高的绩效水平同样非常直接地体现在了薪酬水平上。李四当月的应发工资（15000 元）为月工资基数（10000 元）的 150%。

### 4.2.5　BSC 的应用方法

平衡计分卡（Balanced Score Card，BSC）是由美国哈佛商学院的教授罗伯特·卡普兰（Robert Kaplan）和诺朗诺顿研究所所长、美国复兴全球战略集团创始人兼总裁戴维·诺顿（David Norton）共同创建的。

平衡计分卡表明了源于战略的一系列因果关系，发展和强化了战略管理系统。利用平衡计分卡作为核心战略管理的衡量系统，可以完成对关键过程的有效控制和资源的优化配置。通过平衡计分卡，组织可以有效处理组织内部、外部各种变量的相互关系，保证组织系统变革过程中的均衡性。

平衡计分卡作为一套完整的业绩评估系统，主要从 4 个维度来衡量组织的经营情况，体现了组织价值创造的全过程，如图 4-8 所示。

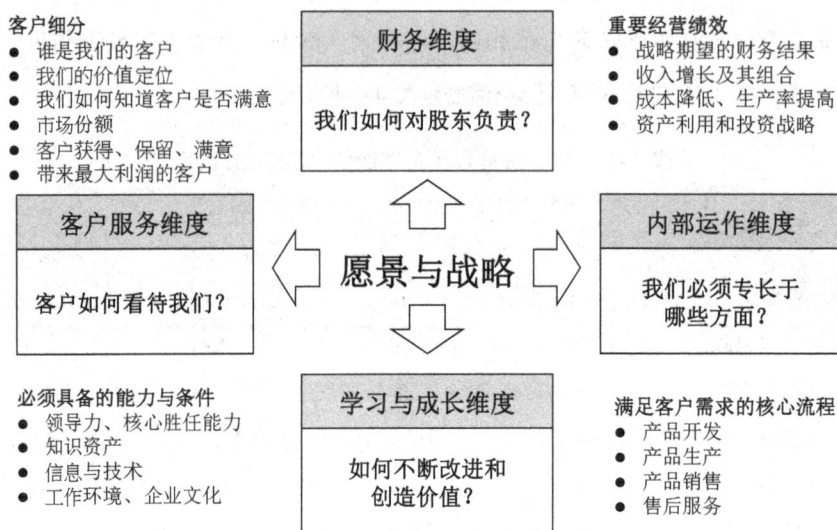

**客户细分**
- 谁是我们的客户
- 我们的价值定位
- 我们如何知道客户是否满意
- 市场份额
- 客户获得、保留、满意
- 带来最大利润的客户

**重要经营绩效**
- 战略期望的财务结果
- 收入增长及其组合
- 成本降低、生产率提高
- 资产利用和投资战略

**财务维度**

我们如何对股东负责？

**客户服务维度**

客户如何看待我们？

**愿景与战略**

**内部运作维度**

我们必须专长于哪些方面？

**必须具备的能力与条件**
- 领导力、核心胜任能力
- 知识资产
- 信息与技术
- 工作环境、企业文化

**学习与成长维度**

如何不断改进和创造价值？

**满足客户需求的核心流程**
- 产品开发
- 产品生产
- 产品销售
- 售后服务

图 4-8　平衡计分卡图示

### 1. 财务维度

这个维度是站在股东的视角看待公司的成长、盈利能力和风险情况。常见的指标有营业收入、资本回报率、利润、现金流、经营成本、资产负债率、项目盈利性等。

### 2. 客户服务维度

这个维度是从客户的视角看待公司创造的价值在外部市场体现出的差异化，是客户对组织感受的直接表现。常见的指标有市场份额、客户满意度、客户忠诚度、价格指数、客户获得率、客户保留率、客户利润率等。

### 3. 内部运作维度

这个维度是从经营管理的角度看待内部流程为业务单元提供的价值主张，是产生结果之前的重要过程管控。常见的指标有新产品开发时间、产品质量、生产效率、生产成本控制、返工率、安全事故数等。

### 4.学习与成长维度

这个维度是从创新和学习的角度评价公司的运营状况，关注公司未来是否有持续稳定发展能力的指标。这类指标通常与人力资源的情况有一定关联。常见的指标有员工满意度、员工离职率、员工生产率、人均培训时间、合理化建议数量、员工人均收益等。

一个完整的 BSC 应用应当从财务维度、客户服务维度、内部运作维度、学习与成长维度 4 个维度着手，分解并设计 BSC 的相关指标。同样的，一套完整的 BSC 指标应当包括财务类指标、客户服务类指标、内部运作类指标、学习与成长类指标。

【举例】

某公司处在快速成长期，上市后，董事会设计出公司每年的利润目标，强调公司要围绕净利润开展生产和经营活动。为了不让公司的绩效管理有失偏颇，陷入盲目追求财务目标的情况，该公司选择运用 BSC 绩效管理工具，围绕公司的净利润目标，在 BSC 的 4 个维度上进行分解，如图 4-9 所示。

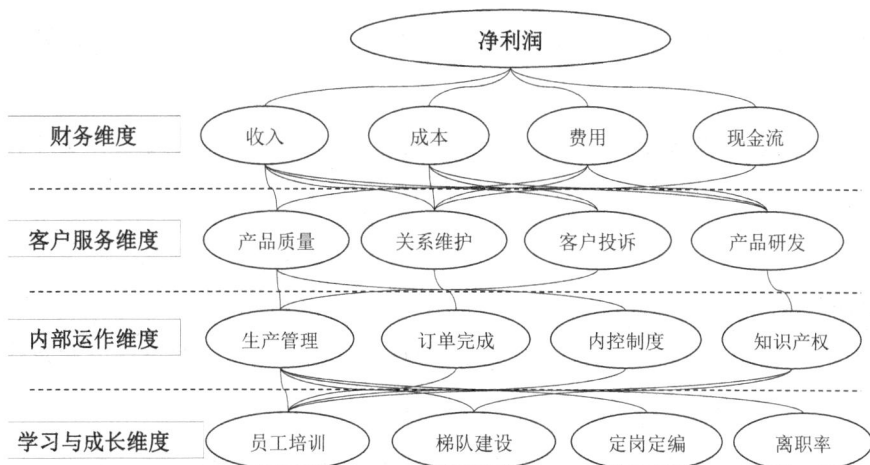

图 4-9　某公司 BSC 分解逻辑图

要完成净利润目标，该公司在财务维度上需要保证收入、成本、费用和现金流。这 4 项指标可以作为公司在财务维度上的指标。

要保证财务维度的收入指标，在客户服务维度上，需要产品质量的支持，需要维护良好的客户关系，需要妥善地处理客户投诉，需要做好产品研发工作。

要保证财务维度上的成本指标，在客户服务维度上，需要注意客户关系的维护，需要注意客户投诉的处理，需要注意产品的研发。

要保证财务维度上的费用指标，在客户服务维度上，需要保证产品质量，需要做好客户关系维护，需要控制产品研发的成本。

要保证财务维度上的现金流指标，在客户服务维度上，需要做好客户关系维护。

要保证客户服务维度上的产品质量指标，在内部运作维度上，需要生产管理能力的支持，需要建立完善的内控制度。

要保证客户服务维度上的关系维护指标，在内部运作维度上，需要保证产品订单按期完成，实现产品服务保质保量交付。

要保证客户服务维度上的客户投诉指标，在内部运作维度上，需要有生产管理能力的支持。

要保证客户服务维度上的产品研发指标，在内部运作维度上，需要有相关的知识产权支持。

要保证内部运作维度上的生产管理指标，在学习与成长维度上，需要有员工培训的支持，需要做好员工梯队建设，需要做好定岗定编工作，需要降低员工的离职率。

要保证内部运作维度上的订单完成指标，在学习与成长维度上，需要有员工培训的支持。

要保证内部运作维度上的内控制度指标，在学习与成长维度上，需要有员工培训的支持。

要保证内部运作维度上的知识产权指标，在学习与成长维度上，需要有员工培训的支持，需要做好员工梯队建设。

上例是为简要说明 BSC 的组成要素，对 BSC 中 4 个维度的指标都是简要说明。读者在实际应用的时候，可以按照上例中的逻辑在 4 个维度上进行逐级分解。

【举例】

某公司在全球 20 多个国家和地区开展业务，旗下有多个品牌，全球员工数量超过 10 万人。如今，该公司在全球已经拥有比较稳定的经营网络，在其所在行业内拥有比较高的品牌知名度和较强的市场影响力。

总经理是该公司最高的行政管理职位，主要负责公司日常的经营管理工作。总经理要负责达成公司的营业收入、成本及利润等财务目标，负责公司人才队伍和组织建设，负责公司的文化建设，保证整个公司管理的制度化和规范化，有效解决公司经营管理过程中的问题。

该公司总经理的 BSC 如表 4-8 所示。

表 4-8　某公司总经理的 BSC

| 指标类型 | 指标名称 | 指标定义 | 指标设置目的 | 数据提供部门 | 指标占比 /% |
|---|---|---|---|---|---|
| 财务指标 | 销售额 | 考核期内，公司的销售额达成某个目标。此处的销售额为实际回款额，而非订单额或预计订货额 | 销售额代表了公司的经营业绩、市场影响力、市场占有率、产品渗透率等，能够比较直接地体现总经理的工作成果 | 财务中心 | 20 |
| | 利润额 | 考核期内，公司的利润额达成某个目标。此处的利润额指的是经营性损益的利润额 | 该公司非常重视利润成果。之所以采用经营性损益的利润额，是为了更直接地表示公司的盈利能力，更直接地表示公司的经营成果 | 财务中心 | 25 |
| 客户服务指标 | 客户满意度 | 考核期内，客户满意度调查结果的平均值不低于去年同期水平 | 客户满意度体现了公司的服务人群对公司的认可，代表着公司产品与服务的质量。客户满意度的高低影响着公司能否顺利发展 | 第三方机构 | 10 |
| | 公共关系满意度 | 考核期内，公司所有对外关系对公司的满意度保持在一定水平 | 公共关系的满意度体现了公司外部人员对公司的认可，代表着公司的社会形象，代表着公司的口碑。好的公共关系满意度不仅能够帮助公司提升业绩，也能够帮助公司创建雇主品牌 | 第三方机构 | 10 |
| 内部运作指标 | 成本控制 | 考核期内，公司的成本比率控制在一定范围 | 成本控制的情况影响着公司的盈利能力，有效控制成本能够显著提升公司的盈利能力，确保公司达成利润额的目标 | 财务中心 | 10 |

| 指标类型 | 指标名称 | 指标定义 | 指标设置目的 | 数据提供部门 | 指标占比 /% |
|---|---|---|---|---|---|
| 内部运作指标 | 流程制度异常数量 | 考核期内，公司范围内的制度或者流程失效的次数。主要包括公司范围内出现的员工不按照流程制度运行，却没有被提前发现或者采取相应措施的情况 | 公司的各项流程和制度构成了公司的内控体系，保证了公司内部运营发展的稳定性。如果公司能够通过自查发现问题，加强内控，就有助于提高公司的管理水平，帮助公司更好地达成业绩目标 | 第三方机构 | 5 |
| 学习与成长指标 | 员工敬业度 | 考核期内，员工的敬业度水平不低于去年同期水平 | 员工敬业度就是员工对自己的工作岗位，对自己的事业专心致志的程度。提升员工的敬业度，有助于增强员工对公司的归属感、对工作的积极性和对岗位的责任感，能够显著提升员工的绩效水平 | 人力资源中心 | 10 |
| | 员工离职率 | 考核期内，员工的离职率不高于去年的同期水平 | 适度的员工离职率能够有效降低公司的人力资源管理成本，能够促进经营管理的平稳。为了减少离职员工中高绩效员工的占比，有时候可以将高绩效员工的离职率作为辅助考核指标 | 人力资源中心 | 5 |
| | 员工能力达标率 | 考核期内，所有正式员工的能力达到岗位要求的最低标准 | 员工的能力是完成岗位绩效要求的重要保证。对员工能力达标率的要求有助于促进公司建立内部的人才培养机制，有助于落实师带徒机制。但能力水平与绩效水平并不存在必然的联系，有时候为了保证员工绩效达标，也可以把员工绩效达标率作为辅助考核指标 | 人力资源中心 | 5 |

## 💰 4.3 绩效管理程序

绩效管理实施比较优秀的公司所采取的程序大同小异，常见的绩效管理程序可以分成 6 步，分别是绩效指标分解、绩效计划制订、绩效辅导实施、绩效考核评价、绩效反馈跟踪和绩效结果应用，如图 4-10 所示。

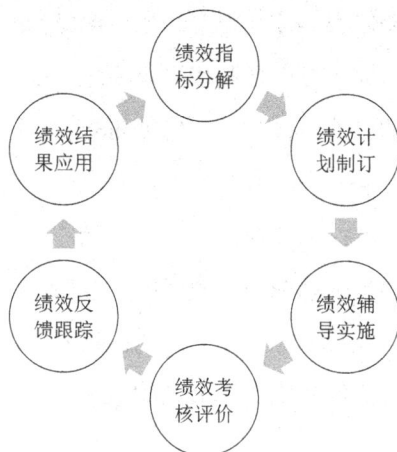

图 4-10 常见的绩效管理程序

## 4.3.1 绩效指标分解

绩效指标分解的方法有很多，股权激励中常用的绩效指标分解方法是战略地图法。战略地图是一个描述公司战略的工具，是在公司战略的指引下，分层级地逐级定义公司目标，保证各层级之间保持因果关系和递进关系，保证公司以一种完整的、系统的、连贯的方式来审视战略。

战略地图可以按照 BSC 的财务、客户服务、内部运作、学习与成长 4 个维度划分层级，也可以根据公司的行业特性和实际需要划分层级。但不论按照哪种方式来划分层级，都应当包含财务、客户服务、内部运作、学习与成长这 4 个维度的目标。

许多公司有了战略却不能成功执行，往往是因为不能全面清晰地描述战略，造成了员工不了解战略或者不了解战略与自身岗位之间存在什么样的关系。战略地图最大的好处是能够让员工了解公司的战略。

公司可持续发展的基础是无形资产，也就是核心竞争力，可是无形资产难于被管理，同时也没有办法直接帮助公司创造有形的成果。能够创造公司未来价值的核心竞争力必须和公司的战略保持一致，才能发挥其作用和价值。

如果不能掌握这部分无形资产，将是对公司投资的极大浪费。公司开发和绘制战略地图的关键，就是找到把无形资产转化为有形成果的具体路径，建立起能够把概念化的战略转化为具体的财务和顾客价值指标的过程。

根据公司战略，战略地图可以按照如下步骤进行绘制。

（1）确定公司战略的价值目标和客户价值主张。

（2）将公司价值按照某个逻辑分解成不同层级。

（3）把最终想要达成的结果放在图形的最顶端。

（4）把其他支持目标分别列在各自对应的层级中。

（5）把达成结果与其他目标的因果关系用线连接。

（6）描述最终目标与其他层级目标之间的关系。

【举例】

国内某大型连锁药店经过十几年的快速发展，到 2018 年时，已经成为全国排名前 5 的连锁药店品牌。该公司在发展过程中，运用了战略地图的概念，将公司的战略目标层层分解、分布落实，取得了较好的经营成果。

该公司某一年的战略地图如图 4-11 所示。

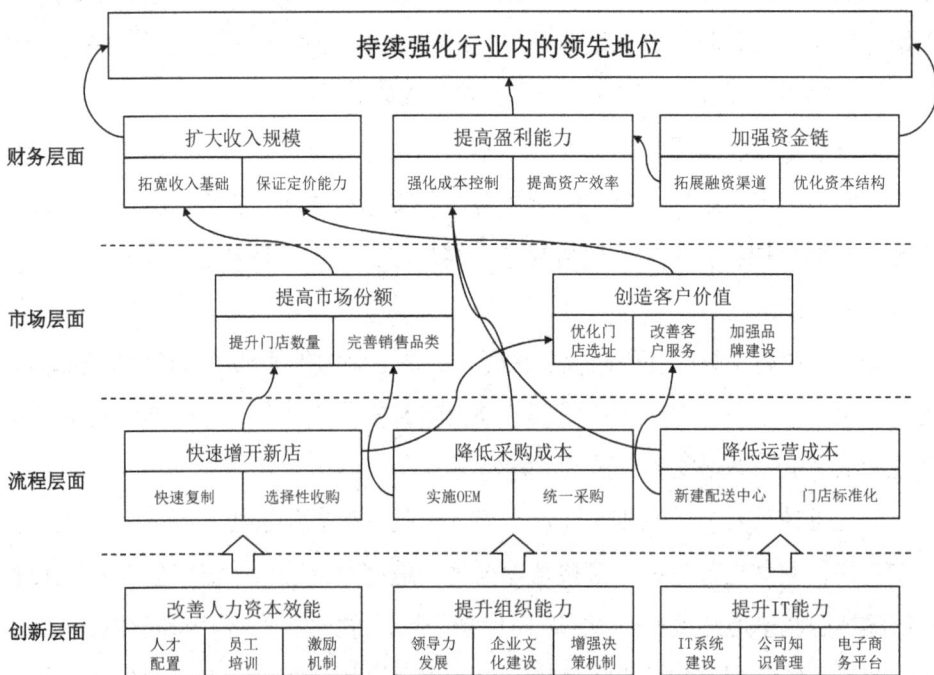

图 4-11 某公司某一年的战略地图

**1. 财务层面**

扩大收入规模是该公司最重要的要求。作为药品的连锁零售企业，该公司首先需要提升销售量，同时必须保证一定的定价能力。

盈利是该公司第二位的需要。只有当盈利能力得到保证时，才能在收入增长、资金保证两个方面都取得理想的效果。提高盈利能力需要在强化成本控制、提高资产效率上下功夫。

在加强资金链的问题上，该公司通过拓展融资渠道、优化资本结构两种方式来保证。

**2. 市场层面**

为了实现财务层面上收入规模的扩大，该公司需要在市场层面做足两方面的功课。一方面，通过提高市场份额，保证公司整体的收入基础；另一方面，通过创造客户价值，保证在销售上的定价能力。

在提高市场份额方面，该公司通过提升门店数量和完善销售品类两个方面来实现；在创造客户价值方面，该公司通过优化门店选址、改善客户服务、加强品牌建设 3 个方面来实现。

**3. 流程层面**

为了实现市场层面提升门店数量和优化门店选址的要求，该公司必须在流程层面能够快速增开新店。在门店扩张中，该公司没有采取连锁加盟的形式，而是全部采用了自营的形式。该公司一方面有实现自身的快速复制，另一方面有选择地进行收购。

财务层面要求的强化成本控制，在流程层面通过降低采购成本、降低运营成本两个方面来实现。在降低采购成本方面，该公司通过实施 OEM（Original Equipment Manufacturing，定牌生产或原厂委托制造）和统一的采购两个方面来实现；在降低运营成本方面，该公司通过新建配送中心和门店标准化两个方面来实现。

**4. 创新层面**

为了对财务层面、市场层面和流程层面形成支持，在创新层面，该公司需要做好改善人力资本效能、提升组织能力、提升 IT 能力 3 个方面的工作。

在人力资本方面的努力反映在人才配置、员工培训、激励机制 3 个方面；在提升组织能力方面的努力体现在领导力发展、企业文化建设和增强决策机制 3 个方面；在提升 IT 能力方面的努力体现在 IT 系统建设、公司知识管理和建立电子商务平台 3 个方面。

### 4.3.2 绩效计划制订

绩效计划按照责任的主体划分，可以分为公司的绩效计划、部门的绩效计划和岗位的绩效计划 3 个层面。一般来说，这 3 个层面的绩效计划是自上而下逐级分解形成的。公司的绩效计划决定了部门的绩效计划，部门的绩效计划决定了岗位的绩效计划。

当部门内所有员工的岗位绩效计划完成时，部门的绩效计划也相应完成。当所有部门的绩效计划完成时，公司的绩效计划也相应完成。

绩效计划按照责任主体分类示意图如图 4-12 所示。

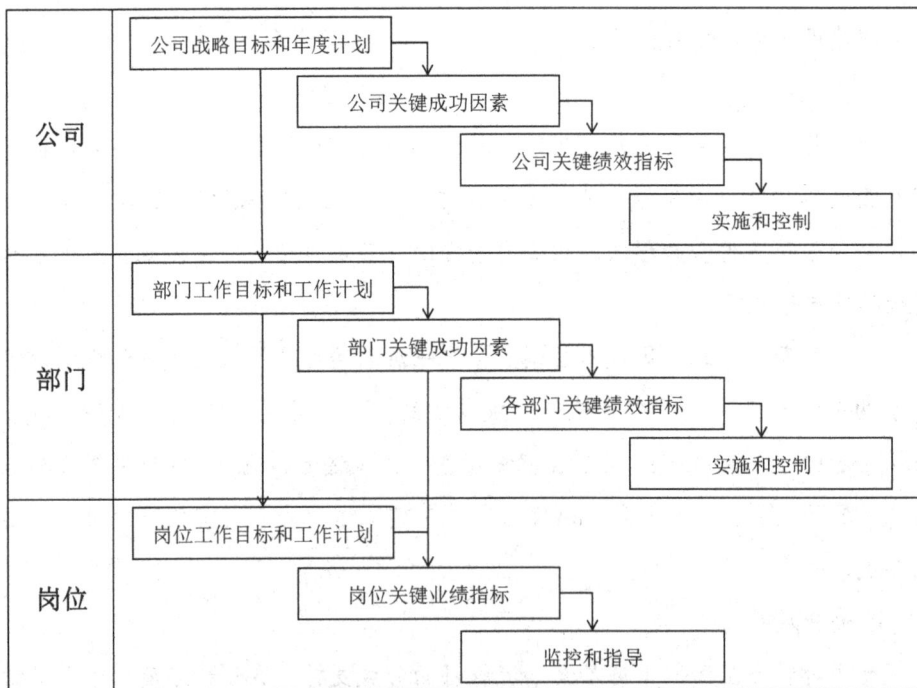

图 4-12　绩效计划按照责任主体分类示意图

　　绩效计划的制定过程是公司层面把绩效目标层层往下分解，形成体系，最终落实到个人层面的过程。绩效计划制定是从公司战略目标和年度计划开始，通过关键成功因素分析和关键绩效指标分解把目标分解到各部门和各岗位，还要考虑外部环境变化及内部条件的制约，从而把岗位工作目标和公司整体发展战略联系起来。

　　公司层面的绩效计划对应着公司的战略目标。公司级的绩效计划中需要包含公司的关键成功因素。根据公司的关键成功因素，分解为关键的绩效指标，并在公司级计划执行过程中进行有效的实施和控制。

　　部门的绩效计划来源于公司战略、公司年度计划和部门的工作目标。部门的绩效计划中应当包含部门的关键成功因素，以及各部门的关键绩效指标。在部门绩效计划执行的过程中，同样需要进行有效的实施和控制。

　　岗位的绩效计划来源于公司战略、公司年度计划、部门工作计划和岗位工作目标。岗位的绩效计划中包含了岗位的关键业绩指标。在实施岗位绩效计划的过程中，管理者需要不断实施监控和指导。

　　在制定公司、部门和岗位绩效计划的过程中，通过协调各方面的资源，可以让资源向对实现公司战略目标起到主导或制约作用的方面倾斜，通过促进部门和岗位绩效计划的实现，从而保证公司年度计划和战略目标的实现。

　　绩效计划按照时间分类，可以分成年度绩效计划、季度绩效计划、月度绩效计划、周度绩效计划和每日绩效计划。按照时间周期划分的绩效计划是从较长时期的绩效计划分解到较短时期的绩效计划。比如，年度绩效计划分解为季度绩效计划，季度绩效计划分解为月度绩效计划。

　　绩效计划中应当包括什么呢？

　　简单地说，绩效计划至少要包括两个方面的内容——"做什么"和"如何做"。在制定绩效计划以前，确定绩效目标是最重要的步骤，科学合理地制定绩效目标对绩效管理的成功实施具有重要的意义。

　　许多公司的绩效考核工作难以开展的原因就在于绩效计划制定得不合理。有的员工把绩效目标定得太高，结果无论如何努力，都完不成目标；有的员工把绩效目标定得太低，很容易就完成了目标。这种内部不公平，会对员工的积极性造成很大的影响。

另外，当绩效目标定得过高或过低时，会降低绩效薪酬的激励效应，达不到激发员工积极性的目的。所以，能否科学合理地制定绩效目标，是绩效管理能否取得成功的关键。

绩效计划中应当包括的内容如下。

### 1. 基本信息

绩效计划中要包含员工的基本信息，一般包括员工的姓名、工号、所在岗位的基本信息、薪酬结构、薪酬等级、绩效与薪酬的对接关系等。

### 2. 评估内容

绩效计划中的评估内容包括员工的绩效指标及目标，同时列出按绩效计划及评估内容划分的指标权重，体现工作的可衡量性及对公司整体绩效的影响程度。

### 3. 工作计划

工作计划包括员工为了完成绩效计划而需要采取的具体行动，需要的协助、资源支持或工作上的帮助。

### 4. 评价标准

绩效计划中要写明对于不同的绩效目标、指标和工作计划如何衡量。

### 5. 完成时间

绩效计划中要写明每一项指标、每个目标、每项行动的完成时间。

### 4.3.3　绩效辅导实施

绩效辅导指管理者就员工当前的绩效进展情况，与员工讨论其可能存在的潜在问题和障碍，并与员工一起制定方案、解决问题的过程，是上级（管理者）辅导下级（员工）共同达成目标或计划的重要方式。

如果没有辅导和沟通，就不是绩效管理，因而绩效辅导是绩效管理的真正核心。毕竟实施绩效管理，奖罚不是目的，员工的成长才是目的。

在绩效辅导实施过程中，根据管理者为员工提供的支持类型不同、内容不同，我们可以把绩效辅导分成 3 个类别：一类是为员工提供知识和能力的支持；一类是帮助员工矫正行为的支持；还有一类是给予员工职权、人力、物力、财力等资源的支持。基于此，管理者在绩效辅导过程中的角色分工应当包含如下 3 点。

### 1. 工作教练

当员工出现目标上的偏差时，管理者应帮助其及时纠正。纠正的过程应当以启发为主，培训为辅，启发员工的思路，教会员工知识，锻炼员工技能。管理者可以成为员工的职业导师，帮助员工判断方向是否无误，方法是否得当，方式是否合理。

### 2. 合作伙伴

如果员工能够很好地履行岗位职责，能够按计划和目标有条不紊地开展工作，那么管理者应当放权或放手让员工进行自我管理。在这个过程中，如果员工遇到难题，管理者应当与员工一起解决难题，为员工提供一定的帮助，鼓舞员工的士气，和员工一起渡过难关。

### 3. 资源支持

员工因为自身职责和权利的限制，在某些方面可能会存在调度资源困难的情况，而有时候，这些资源又是完成工作必需的。这时候，管理者应当帮助员工协调并获得开展工作所必需的资源，协助其完成工作任务。在整个过程中，管理者和员工之间应加强沟通，做好工作关系的衔接，解决工作中的纠纷。

基于管理者在绩效辅导过程中的 3 个角色，管理者要承担 3 个主要职责。

### 1. 帮助员工获得成功

管理者应该为员工提供帮助其获得成功的辅导，确保员工尽可能有效地处理遇到的各种绩效问题，以及可能存在的问题和挑战。在这个过程中，员工应当充分信任管理者，管理者要能够充分地挖掘员工的潜能。

### 2. 帮助员工提升能力

为了使员工的行为得到改善，管理者应该为员工提供改进和提升能力的辅导，使员工的行为符合公司的要求，帮助员工加强某一特定领域的业绩表现，以便员工达到绩效要求。辅导员工提升能力时，管理者应以启发和传授为主，以技能辅导为辅。

### 3. 帮助员工再创佳绩

当员工业绩表现出色时，为了使员工能够继续提升、再创佳绩，管理者应当认同员工良好的业绩，鼓励员工保持良好的工作表现。管理者应表扬员工的出色业绩，认可员工的行为符合公司的要求。

员工在绩效辅导的过程中同样承担着一定的职责，毕竟员工是工作实施的主体，是绩效改善的主要实施人，员工在绩效辅导过程中的表现好坏，同样是绩效辅导工作能否有效实施的关键。员工在绩效辅导过程中的主要职责是完成工作，实现最佳的绩效目标，主要包括如下内容。

（1）请求绩效结果情况的反馈和绩效的辅导。

（2）积极地参与绩效辅导的审视沟通过程。

（3）与管理者讨论绩效目标达成过程的进展。

（4）建立自己工作中实现的成果和成就记录。

（5）开诚布公地提出自己工作开展中的困难。

（6）随外界情况的变化改变自己的绩效目标。

（7）随着绩效的实施不断完善个人发展计划。

一般来说，管理者实施绩效辅导沟通的步骤可以分为6步。

### 1. 发现问题

管理者要营造良好的沟通氛围，向员工说明实施绩效辅导的目的；倾听并让员工积极参与绩效辅导工作；了解员工的目标进展情况、工作情况、态度情况；有意识地观察发现员工的问题。

### 2. 描述行为

管理者要描述员工的具体行为，而不是概括性地直接总结和推论，要解释这个行为对绩效目标可能产生的具体影响。管理者可以向员工表达自己的感受，但必须说明这只是主观感受，还需要进一步了解员工的想法，让员工能够自我分析，表达心声。

### 3. 积极反馈

管理者要积极地、真诚地、具体地表扬员工的行为，必要的时候，可以嘉奖员工积极的行为。

### 4. 达成共识

管理者要与员工确认需要改善的工作内容、需要提高的知识和技能、需要给予的资源和支持，并最终与员工达成一致。

### 5. 顺利结尾

在辅导谈话将要结束时，管理者要着眼于未来，给员工一定的鼓励、支持或帮助，以鼓励性的话语顺利结尾。

### 6. 形成记录

最后，要按照公司要求，形成书面记录，写清楚管理者与员工双方都认同的事情、具体的行动计划、改进的措施，以及还有哪些没有达成一致的事项。

没有沟通就不是绩效辅导，在绩效辅导中，管理者应就公司或本部门内发生的重要事件和员工进行定期或不定期沟通，持续不断地开展辅导，同时根据情况需要采用正式或非正式的沟通方式。

在绩效辅导过程中，管理者和员工应遵循的原则如表 4-9 所示。

表4-9　绩效辅导中管理者和员工应遵循的原则

| 管理者 | 员工 |
| --- | --- |
| 坦诚率直，维护员工的自尊 | 保持积极豁达的态度 |
| 客观地讨论具体行为和事实 | 有所准备并愿意表达意见 |
| 关注工作问题而不是个人问题 | 针对反馈意见提出问题，使问题明确具体 |
| 提供方法和建议 | 明确将来的目标和行动计划 |

管理者通常可以把员工所有的绩效问题归结为态度、知识、技能和外部因素4个大类。要弄清楚员工究竟是在哪里出了问题，管理者可以重点关注并询问自己和员工如下问题。

- 员工是否有良好的态度和足够的自信心？
- 员工是否有做这方面工作的知识和经验？
- 员工是否具备应用知识和经验的相关技能？
- 员工是否有不可控制的外部障碍？
- 员工的问题是否属于组织层面的绩效问题？
- 绩效问题是否源自员工的工作目标不明确？
- 员工是否清楚自己工作的完成情况？
- 员工是否曾经圆满完成过工作目标？

管理者在实施绩效辅导前，要在工作中不断进行绩效过程的监控，持续关注以下问题。

- 员工的工作职责完成得怎样？还有哪些方面表现不好？
- 员工是在朝着实现目标的方向前进吗？
- 如果偏离方向，需要进行哪些改变才能明确方向？
- 在支持员工进步方面，自己能做些什么？
- 是否发生了影响员工工作任务或重要性次序的变化？
- 如果发生了，员工在目标或任务方面应做哪些改变？

### 4.3.4　绩效考核评价

绩效考核评价指公司根据绩效目标和绩效计划，对一段时间内的绩效结果进行评价。

　　绩效考核评价要综合收集到的所有与考核相关的信息，结合对关键事件的记录，公正、客观地评价员工的绩效结果。管理者应根据绩效结果诊断员工的绩效，并和员工一起拟订下一阶段的绩效目标计划。

　　绩效考核评价的方法包括客观绩效考核评价法、客观与主观相结合的绩效考核评价法。

　　常见的客观绩效考核评价法包括关键事件法、行为锚定法、行为观察法、加权选择法等。常见的主观绩效考核评价法包括强制排序法、强制分布法、360度考评法等。

　　绩效考核评价过程中要注意奖惩的有效应用，正确制定公司的奖惩规则。正确运用奖惩，是保证员工思想和行为导向不偏离公司大方向的重要保障。

　　绩效考核评价不是简单地给出绩效结果。绩效考核评价的指导思想是围绕业务进步、绩效提高而展开的，我们要将绩效考核评价视为一个管理过程，而不是单纯地追求评价结果本身。

　　管理者进行绩效考核评价不仅要看员工的目标是否达成，更要学会有技巧地告诉员工差距所在。毕竟，员工能力的成长对公司而言是更加长期的收益，而绩效结果只是短期的情况。

　　绩效考核评价如果做不好，将直接影响整个绩效管理工作的进展和实施效果，影响员工对自身绩效的评价和改善，甚至将直接影响员工的金钱利益。许多公司的绩效管理工作开展不下去，就是因为在绩效考核评价的环节出现了问题。

　　绩效考核评价常见问题及参考改进措施如表 4-10 所示。

表 4-10　绩效考核评价常见问题及参考改进措施

| 常见问题 | 参考改进措施 |
| --- | --- |
| 绩效考核评价的标准不科学，可衡量性差或不贴近组织的真正目标 | 界定工作本身的要求，明确考核标准和水平标准，把评价标准建立在对工作进行分析的基础之上 |
| 评价走形式主义，没人真正对绩效结果进行认真客观的分析，没有真正利用绩效考核评估过程和评估结果来帮助员工在绩效、行为、能力、责任等多方面得切实的提高 | 不断进行宣传教育，不断强化培训，并由组织的一把手带头进行 |

续表

| 常见问题 | 参考改进措施 |
|---|---|
| 晕轮效应：以偏概全，放大某一次或几次并不关乎绩效重点的失误而忽略绩效的真正要求 | 以工作目标达成情况为依据 |
| 近因效应：以近期印象代替全部，或仅做某一时期的短暂评估而忽略一贯表现的好与坏 | 做好绩效管理过程中的数据收集、记录，按照客观绩效结果进行评价 |
| 感情效应：管理者的非理性因素，造成评价绩效结果时不自觉地受感情影响 | 以客观绩效指标为依据，二次考核为监督 |
| 集中趋势：绩效考核评价的结果都趋于中间（合格层），彼此拉不开差距 | 结果以统计百分比进行衡量或强制排名 |
| 暗示效应：绩效考核评价人受某几位领导或权威人士的影响 | 以客观绩效指标为依据，并与相关领导沟通 |
| 倒推化倾向：先因某人平时的表现，为其确定出一个考核层级，而后倒推出各考核项目的得分 | 不带有色眼镜，以客观绩效指标为依据 |

绩效考核评价之后对应的奖罚实施，也常常出问题。很多人对奖惩有个朴素的观点：好的行为就应该奖，不好的行为就应该罚。于是按照这个思路，制定出公司的奖惩制度。可实际操作起来，发现效果并不及当初预料那样。有了奖惩和没有奖惩制度效果无异，甚至在有了奖惩制度之后，员工怨声载道，联合抵制。问题出在哪儿呢？

公司在制定奖惩制度前，先要搞清楚什么是职责，什么是贡献。职责就是岗位职责，指那些只要在该岗位任职，就应该做的事，不做就是失职，也可以理解为应尽的义务。贡献是指在履行好岗位职责的基础上，又做了不在岗位职责范围内的、对组织有利的事情。

有效的奖惩，需要奖励贡献，而不能奖励履行职责；惩罚失职，而不能惩罚不做贡献。以下是两个相反的例子，我们需要引以为戒。

### 1. 奖励了履行职责

某公司员工上班迟到问题严重，公司领导于是制定了一个制度：如果员工每天上班不迟到，公司每天奖励1元钱；到月底一天都没有迟到的员工，公司奖励一个小纪念品。这个制度开始时是有效的，许多平时经常迟到的员工为了得到奖金和纪念品，开始准时上班。

可是后来公司经营出现了问题，领导为了缩减开支就取消了奖金和纪念品。情况一下变得更糟了，不仅那些原本爱迟到的员工继续迟到，那些原来习惯准时上班的员工也开始迟到。

因为这个制度把准时上班的义务和发放奖金联系了起来，本来再普通不过的准时上班的义务变得有了"价值"。一旦停发奖金和纪念品，员工会想："我凭什么要按时来呢？"这就和如果没有加班费，员工会质疑自己凭什么要在公司加班的道理一样。

所以，对于引导员工完成职责或义务范围内的事情，公司不能用奖励的方式，而应该在员工无法履行职责或义务时用惩罚的方式。

### 2. 惩罚了不做贡献

有个公司的员工食堂采取承包制，食堂的承包商发现员工吃完饭后乱扔餐盘的现象严重，工作人员收拾起来十分麻烦，于是找到办公室主任。办公室主任一开始对员工实施素质培训，期望通过提高员工素质改善这种情况，后来发现没有效果。

于是，办公室主任下达规定：在食堂吃完饭不把餐盘放到指定位置者，罚款 10 元。规定刚下达的那几天效果还不错，可过了没多久就又回到了原来的状态。因为这个规定落实起来比较麻烦，办公室工作人员需要在吃饭时间现场监督。

人的视野毕竟是有限的，靠人来监督一方面有可能抓不到不收餐盘者，另一方面即使抓到了，现场也常引发冲突——员工认为办公室工作人员小题大做，故意找自己麻烦。

后来，食堂改变做法，如果员工能够把餐盘放到指定位置，可以领取一个水果作为奖励。其实，这本来就是近期办公室主任与食堂协商改善员工用餐标准的项目。就算没有乱扔餐盘的问题，食堂也要在员工餐中加入水果。如今，食堂把水果变成对文明用餐的一种奖励，此举一出，效果果然显著。

所以，对于不做贡献的行为，不能用惩罚的方式。如果想要鼓励人们做贡献，应该用奖励的方式。

### 4.3.5 绩效反馈跟踪

绩效反馈是绩效管理的末端环节，是上级（管理者）向下级（员工）反馈绩效结果，并对绩效考核期间取得的成绩、存在的问题、下一阶段的工作目标、未来的绩效提升计划进行双向交流的过程，是管理者和员工之间就当前绩效进行总结和更好地实现未来绩效进行的有效沟通。

绩效反馈不仅能为员工指明努力的方向，还可以激发员工的上进心和工作积极性，从而提升组织的整体绩效。能否达成绩效管理的预期目的，往往取决于绩效反馈能否有效实施。

管理者与员工实施绩效反馈面谈的目的如下。

（1）让员工了解自己在一段绩效考核周期内的表现情况或业绩情况，评判自己的绩效表现是否合格。

（2）让管理者能够了解员工的真实想法和思想动态是否与公司或部门的理念或要求一致。

（3）增强管理者与员工之间的沟通，改善考核双方的工作关系。

（4）使管理者和员工对绩效结果及造成该结果的原因达成一致，共同讨论绩效未合格部分的改进方案，以及合格部分进一步提升的计划，形成下一个阶段的绩效目标和员工个人绩效承诺。

（5）便于管理者给员工一定的激励。

【举例】

某公司销售部门的业务员小王本身负责公司某类产品的销售，同时还管理着3位经销商。该部门对小王实施季度考核，绩效指标包括所负责产品及经销商的销售业绩、产品毛利、销售费用。

对于这些数据，小王虽然平时也会简单记录，但因为是零散的记录，所以数据既不齐全，也很难保证准确。小王每月只能大概估计自己绩效指标的完成情况。

为了解决类似于小王的这类问题，该部门负责人每月月初会向财务部要求提供上月本部门所有业务员绩效指标相关数据的最终结果，并把这些结果分别反馈给本部门的业务员。

该部门负责人通过财务部对绩效结果的反馈，能够掌握本部门整体的绩效情况及每名业务人员分别的绩效情况，从而快速制定出有针对性的绩效改进计划。

对于绩效完成较好的业务员，部门负责人可以实施鼓励和表扬；对于绩效完成较差的业务员，部门负责人可以在实施绩效反馈后，根据具体情况对其进行绩效辅导。

小王得到绩效结果数据后，准确了解了自己的绩效情况，查找和发现了自身在业绩上存在的问题点和机会点，从而能够为自己制订下一步的行动计划提供客观的依据。

绩效反馈若想得到有效的实施，在实施过程中，我们应当遵循如下原则。

### 1. 统一绩效沟通思想

在公司精神层面，应当统一绩效沟通的思想。公司的最高管理者要高度重视绩效反馈和绩效沟通的作用，带头进行绩效沟通，从公司文化层面，把重视绩效考核评价的结果型绩效管理体系转变为重视结果的反馈、绩效沟通、绩效辅导和改进方案的沟通型绩效管理体系。

### 2. 建立绩效反馈制度

在公司的制度层面，应当建立绩效反馈的相关制度。制度中应规定绩效反馈的标准流程、操作方法、监督检查机制，以及如何实施绩效反馈的相关培训。

### 3. 创新绩效反馈方式

绩效反馈的方式可以多种多样，不局限于书面报告、一对一面谈或会议形式。绩效反馈的内容也不局限于告知员工绩效结果的信息，既可以和公司战略相结合，也可以和员工个人职业生涯发展相结合。

有的管理者不愿意做绩效反馈面谈的主要原因是不知道如何处理员工对抗的情况。在绩效反馈面谈时，员工对抗的情况并不罕见。有时候，绩效反馈的结果很难被人接受是因为大多数人认为自己每天都表现了最好的状态，理应得到一个好的绩效结果。

当管理者遇到员工对抗时，管理者既不要慌张，也不要用对抗来回应对抗。管理者首先要倾听员工的意见，判断员工说的是否是客观事实，是否有理有据。如果员工的说法成立，就找方法帮员工解决这些问题。如果认为员工说的没有道理，那管理者就需要管理这种对抗。

绩效反馈的对抗类型与应对策略如表 4-11 所示。

表 4-11　绩效反馈的对抗类型与应对策略

| 对抗类型 | 应对策略 |
| --- | --- |
| 转移型，常见的语言为：<br>"我做这个的原因是……"<br>"我是有苦衷的……" | 倾听和考虑员工的观点；<br>如果原因是合理的，可以接受；<br>如果原因不合理，管理者不要被员工"带着跑"，要将关注点落到员工的行为上并保持反馈 |
| 找理由型，常见的语言为：<br>"都是因为别人的 ×× 问题"<br>"因为小张……，所以才……" | 倾听和考虑员工的观点；<br>如果原因是合理的，可以接受；<br>如果原因不合理，管理者不要随着员工一起谈论别的员工，要将关注点落到员工的行为上并保持反馈 |
| 家庭状况型，常见语言为：<br>"因为我家里最近……"<br>"因为我亲人这段时间……" | 管理者要倾听和领会，如果员工有需要可以提供援助；<br>如果需要，可以从更上层管理者处得到建议；<br>对这些事件保持一定的关注；<br>持续监控这种状况的演变 |
| 情绪反应型，常表现为愤怒、哭泣、沉默等消极情绪明显的状况 | 在进行反馈前，管理者要提前预想到员工可能出现的最坏的情绪表现，提前有心理准备；<br>如果员工是愤怒的，要给员工一点时间，让员工平静下来，管理者不要与员工对抗，也不要使情况恶化；<br>如果员工是哭泣的，管理者应使面谈的步调慢下来，让员工恢复情绪；<br>如果员工保持沉默，管理者可以提一些开放式的问题使员工重新参与对话 |

### 4.3.6 绩效结果应用

绩效结果应用，是把绩效考核评价的最终结果应用到经营管理中的过程。绩效结果一定要有效地应用才能真正发挥绩效管理的作用，才能使组织和员工获得共同发展。如果绩效结果得不到有效应用，奖惩决策将无法做到公平、公正，奖惩措施对员工将不具备说服力，势必削减员工的士气，打击员工的积极性，降低员工的工作效率。

根据"目标—承诺—结果—应用"的原则，绩效结果得出之后，根据绩效管理制度和绩效结果，公司可以根据相关规定，将其应用到经营管理中。对优秀人才实施股权激励，就是绩效结果应用的一种方式。除了股权激励之外，绩效结果还可以应用于很多领域。

绩效结果的应用主要概括为两大层面。

#### 1. 员工层面

从员工的物质层面来讲，绩效结果可以应用于工资发放、奖金分配、薪酬调整、股权激励、特殊津贴和员工福利等方面。

从员工的精神层面来讲，绩效结果可以应用于员工晋升、员工发展、员工荣誉等方面。

#### 2. 组织层面

绩效结果能够帮助公司诊断自身存在的问题，公司可以根据当前绩效结果制订绩效改进计划和具有针对性的培训计划，还可以将绩效结果作为员工岗位调整和职级变动的重要依据，以及作为员工招募和甄选的重要依据。

对绩效结果的评估和分析能够帮助公司准确查找、快速发现和精确定位整个公司及各部门管理过程中存在的各类问题，便于公司根据绩效结果反映出来的弱项，制订绩效改进计划及公司管理或制度改进计划。

在实际的工作中，绩效结果主要应用在如下方面。

**1. 提供管理者和员工就员工的工作成果进行沟通的机会，有助于改进员工的工作成果**

管理者不只是评判员工工作成果的法官，还是帮助员工改进工作成果的教练。管理者不仅要承担监督的责任，更要负责好人才的培训与开发工作。公司通过管理者将绩效结果及时反馈给员工，员工据此能够不断完善和提升自身的能力，以达到持续改进绩效的效果。实际上，这才是公司实施绩效管理的根本目的。

通过这种针对绩效目标达成情况展开的沟通反馈，管理者和员工之间能够围绕绩效目标形成一种伙伴关系，而不是单纯的管理与被管理的关系。管理者可以向员工传递绩效需要改进的方面，也可以共同探讨改进工作成果的方法。

员工在这个过程中能够发现自身的短板，认识到待解决的问题，制定自身的发展计划。这样可以让员工朝着公司希望的方向努力，从而让员工做出更加符合公司期望的行为，减少做出不符合公司期望的行为，为达成更好的工作成果奠定基础。

**2. 作为薪酬调整和奖金分配的重要依据**

除了基本工资之外，公司通常应给员工设置一定比例的绩效工资。为了增强绩效结果的激励效果，公司可以将员工绩效考核的结果分成不同等级。例如，可以分成优秀（A）、良好（B）、合格（C）、不合格（D）。

相同职等职级、相同岗位属性、不同贡献度的员工对应着不同的绩效工资。绩效结果中对团队贡献度的评价可以与月度、季度、年度的绩效工资挂钩。薪酬的调整和奖金的分配往往也会以绩效结果作为重要依据。

**3. 作为晋升、降职或调岗的重要依据**

如果员工的绩效结果持续保持在较优水平，公司可以通过晋升，让其承担更多的责任；如果员工在某方面的绩效结果持续较差，公司通过分析绩效结果，可以发现员工的不适应程度，明确存在的具体问题。

如果员工具备达成绩效目标所需要的环境与资源，在通过指导与培训之后，员工的绩效目标依然没能达成，这通常代表着员工不能胜任当前岗位的工作。公司可以调整员工的岗位，让其从事更适合的工作。这也可以作为保持公司内成员的竞争意识和危机意识的手段。

### 4. 作为招聘选拔工作结果评判的依据

公司通过分析外部招聘人才的绩效结果，能够检验、评估招聘选拔工作的成果。如果招聘选拔的人才的绩效结果普遍达到了预期，说明招聘选拔工作是有效的；反之，则说明招聘选拔工作有待改善。

同时，公司通过对绩效结果的深层次分析，可以确认采用什么样的评价标准作为招聘选拔人才的依据更有效，以达到提高招聘质量、降低招聘成本的目的。

例如对于某岗位，公司原本在招聘选拔人才的过程中，对岗位数据分析能力的考察过分重视。后来发现，招聘选拔环节中数据分析能力表现较优的人才，实际上岗后的绩效结果并不佳；但在招聘选拔环节中沟通协调能力表现较优的人才，实际上岗后的绩效结果相对较优。在这种情况下，该公司下次招聘该岗位的人才时，在招聘选拔环节中应当更重视对沟通协调能力的评价。

### 5. 作为发掘培训需求和评估培训有效性的依据

公司通过分析整体的绩效结果，能够明确大部分员工在某些方面的知识和技能上存在的不足，从而确定公司的培训需求，帮助培训部门有的放矢地做好公司下一步的培训计划，整体提升人才素质，增强培训的有效性。

在培训计划运行的过程中，公司也可以通过对绩效结果的持续跟踪，随时评估培训的有效性。如果培训之后一段时期内，员工的绩效结果明显改善，说明培训是有效的；反之，则说明培训没有达到预期效果，需要及时调整改进。

### 6. 作为员工个人发展和职业生涯规划的依据

员工的个人发展和职业生涯规划可以依据员工当前的绩效结果，并由管理者和员工共同协商制定员工长远的工作绩效和工作能力改进提升计划，从而将员工的个人发展与公司的发展连接在一起。

绩效结果反映了公司的价值取向,对绩效结果的应用可以强化员工对公司价值取向的认同感和归属感,让员工的职业生涯规划符合公司的价值取向。公司通过晋升和调岗的机制,能够让员工的职业生涯规划更快实现。

另外,公司通过及时的绩效结果反馈,能够帮助员工客观分析自己的职业发展方向,及时调整职业生涯规划,提升员工的职业满意度。

### 7. 作为人才激活的工具

如果绩效结果较差的员工长期思想消极,这类员工就会成为公司的"不良资本",早晚会被淘汰出局,无法为公司有效地创造价值。但如果这类员工能通过辅导或培训自我发现,努力提升自身的能力和素质,不断提高自身的业绩,达成绩效目标,就会转化为公司的"优良资本"。

公司通过对绩效结果的有效应用,能够激活人才,形成优胜劣汰的激励机制,不断提高员工的整体素质。

### 8. 作为人力资源法律诉讼的重要依据

既然绩效结果可以作为员工降职、调岗甚至解雇的重要依据,在实际操作的过程中,难免会引发员工的不满,即便管理者在实施绩效管理的过程中尽力避免和安抚,却总有个别情绪失控的员工会诉诸法律。这时候,公司方就需要提供相关的证据。

员工个人对绩效结果的承诺,以及相关数据的书面记录,能够帮助公司解决这类劳动纠纷,维护公司的合法权益。

## 4.4 考核评价方法

常见的绩效考核评价方法有7种,分别是关键事件法、行为锚定法、行为观察法、加权选择法、强制排序法、强制分布法、360度考评法。前4种方法是相对客观的绩效考核评价方法,后3种方法是客观与主观相结合的绩效考核评价方法。

### 4.4.1　关键事件法

关键事件法是以事实为依据，应用者在进行绩效考核评价时不仅要注重对行为本身的评价，还要考虑行为所处的情境。这种绩效考核评价方法的内容通常是员工的特定行为，而不是员工的个性、态度或品质。

关键事件法需要认定员工为了完成工作职责需要做出的相关行为，并且选择那些最重要、最关键的行为进行记录并评判结果。当然，这里的行为有时候是积极的、公司希望看到的，有时候是消极的、公司不希望看到的。

关键事件法一般适用于目标岗位的管理者收集员工履行职责过程中的一系列行为，并对这些行为中最成功、最有效的事件和最失败、最无效的事件进行分析和评价。

关键事件法的设计过程可以分成以下 4 步。

#### 1. 识别关键事件

运用关键事件法进行绩效考核评价时，最重要的工作是对关键事件的识别。如果关键事件识别存在偏差，将会对后续的一系列评价工作产生误导。

识别关键事件，对应用者有比较高的专业要求，如果应用者对岗位了解不深或经验较浅，很难在短时间内识别出岗位的关键事件。

为了有效识别关键事件，公司可以成立专业的岗位分析小组，具体包括以下步骤。

（1）成立岗位分析小组，小组成员中包含对岗位有深入了解的专业人员。

（2）岗位分析小组中要包括懂得关键事件法运作原理并有操作经验的人员。

（3）分析过程中组员要充分互动、沟通和讨论，要兼听，不要盲目听从片面之言。

公司也可以利用其他的分析方法，比如可以利用岗位的工作日志或周报提取资料，进行个别访谈或发放调查问卷等方法。

## 2. 记录信息资料

识别关键事件时，应用者需要观察和记录关键信息和资料，内容至少应当包括以下几点。

（1）导致关键事件发生的前提条件。

（2）关键事件发生的背景和过程。

（3）关键事件发生的直接或间接原因。

（4）关键事件的具体行为表现。

（5）关键事件的结果。

（6）员工控制和把握关键事件的能力。

## 3. 归纳总结特征

汇总关键事件分析和设计过程中的所有资料后，岗位分析小组要归纳和总结出这个岗位的主要特征、具体的行为控制要求和需要的具体行为表现。

应用者对关键事件进行分析、记录和评估的过程中，都可以用到 STAR 工具。

S（Situation）代表情景，指该岗位工作内容所处的环境和具体的背景。

T（Task）代表任务或目标，指该岗位某个行为的具体目标。

A（Action）代表行动，指该岗位的员工为了实现目标，需要采取哪些具体的行动。

R（Result）代表结果，指通过不同的行为，最后达成了什么样的结果。

【举例】

岗位分析小组调查某技术岗位，该岗位主要的工作任务之一是保障实现某产品在某个生产环节的技术突破。

小组成员可以按照如下的逻辑询问和调研该岗位员工。

●这个产品开发的背景是什么？该生产环节的技术突破的背景是什么？（S）

●具体的任务目标是什么？（T）

●为完成任务，该岗位的员工需要具体做出哪些行动，才能够保证目标的达成？（A）

● 岗位员工采取不同的行动之后，能得到哪些不同的结果？（R）

### 4.形成规范应用

公司可以根据归纳总结的各岗位的关键事件情况，在公司内的相关岗位上推行关键事件考核评价方法，并要求部门按考核期形成部门关键事件评估结果表，如表 4-12 所示。

表 4-12　部门关键事件评估结果表

| 部门 | 姓名 | 关键事件描述 | | | | | 打分 | 评估日期 | 评估人签字 |
|---|---|---|---|---|---|---|---|---|---|
| | | S（情景） | T（目标） | A（行动） | R（结果） | 其他补充 | | | |
| | | | | | | | | | |

公司可以根据关键事件法的应用和设计原理，在公司内进行更灵活的应用。例如有的公司要求部门管理者在月度、季度或年度的报告中统一指出自身或团队成员较优的行为或较差的行为，有的公司则是把关键事件评估和量化的绩效评价方法相结合。

### 【举例】

美国通用汽车公司（General Motors Corporation，GM）在 1955 年开始运用关键事件法对员工的绩效进行评价。在实施关键事件法之前，通用汽车公司首先成立了一个绩效评价委员会，负责领导和实施绩效评价工作。

经过绩效评价委员会对公司各岗位的分析和调研，公司制定出了针对不同岗位的评价项，包括身体条件、身体协调性、运算能力、了解和维护机械设备能力、生产率、与他人相处的能力、协作性、工作积极性、理解力等，并要求生产一线的管理人员针对下属的关键事件进行描述。

描述的要求包括以下 4 点。

1.事件发生的背景。

2.事件发生时的环境。

3.行为的有效性或无效性。

4.事件结果受个人控制的程度。

一位管理人员对他的一位下属在协作性方面的记录样例如表 4-13 所示。

表 4-13  通用汽车公司关键事件记录样例

| 日期 | 姓名 | 有效行为 | 无效行为 |
|------|------|----------|----------|
| 某年某月 | 约翰 | 虽然今天并没有轮到约翰值班，但他还是主动留下来加班，协助其他同事完成了一份计划书，以便公司第二天能够顺利与客户签订合同 | 公司总经理今天来视察，约翰为了表现自己，当众指出杰克和麦克的错误，导致同事之间的关系紧张 |

通用汽车公司使用关键事件法进行绩效评价，获得了良好的效果。各岗位员工的有效行为越来越多，无效行为越来越少，企业的管理效益快速提升。

通用汽车公司绩效评价委员会的主任，也是人力资源部的负责人说："大多数员工并不愿意做错事，如果管理者能不厌其烦地指出员工的不足，他们会设法纠正自己的行为。"

### 4.4.2  行为锚定法

行为锚定法也叫行为定位法、行为定位等级法或行为决定性等级量表法。这种方法是一种将同一岗位可能发生的各种典型行为进行分析、度量和分级之后，建立一个行为锚定评价表，并以此为依据，对员工工作中的实际行为进行分级测评的评价方法。

【举例】

某学校的教师有两项重要的岗位职责，一是关心学生，二是课堂教学。

关心学生这一岗位职责，指的是教师要积极地熟悉学生的情况，真诚地对待学生，发现学生在学业或生活上的需要，并能够及时帮助他们解决。在关心学生方面，该学校为教师制定的行为锚定评价表如表 4-14 所示。

表 4-14  教师关心学生行为锚定评价表

| 评价等级 | 描述 |
|----------|------|
| 最好 | 学生面露难色时，询问其是否有问题需要讨论 |
| 较好 | 为学生提供所学课程的学习方法的建议 |
| 达标 | 遇到学生时，同学生打招呼 |
| 较差 | 虽然和学生讨论问题，但不能跟踪落实和解决问题 |
| 最差 | 批评学生无法独立解决问题 |

课堂教学这一岗位职责，指的是教师在课堂上能有效地向学生传授知识，具备课堂传授知识的技巧。在课堂教学方面，该学校为教师制定的行为锚定评价表如表 4-15 所示。

表 4-15　教师课堂教学行为锚定评价表

| 评价等级 | 描述 |
| --- | --- |
| 最好 | 能够使用多样化的教学方法，引导学生创造性地思考，鼓励学生提出不同的意见，提升学生的自我学习能力 |
| 较好 | 授课时，能够把具备关联性的知识有效地联系在一起，使学生形成完整的知识体系 |
| 达标 | 能够使用清楚易懂的语言授课，能够恰当地使用案例 |
| 较差 | 讲不清楚有难度的问题，不接纳学生的不同意见 |
| 最差 | 授课过程照本宣科，枯燥乏味，经常讲错一些重要概念 |

建立行为锚定等级评价体系可以按照如下 5 个步骤进行。

### 1. 确定关键行为事件

在制定某一个岗位的行为锚定评价表之前，首先要通过岗位说明书及实际从事该岗位且表现优秀的人员处了解该岗位的关键行为事件，并根据关键行为事件的结果形成绩效评价的指标，根据重要性划分各绩效评价指标的占比。

### 2. 划分评价等级

对该岗位关键行为事件中的最优行为和最差行为进行客观描述。根据最优和最差行为的描述，将关键行为事件划分成几个评价等级（通常为 5 ~ 8 个），并对各等级的行为进行界定和详细描述。

【举例】

某公司要制定客户服务岗位的"客户服务行为"的行为锚定等级划分。

经过一系列的调研和分析之后，发现该岗位"客户服务行为"中最优的行为是能够把握公司长远的盈利点，与客户之间形成伙伴关系；最差的行为是被动地等待客户回应，拖延和含糊回答客户的问题。

该公司将测评的行为等级划分为 7 级，第 7 级代表最优，第 1 级代表最差。客户服务行为等级划分如表 4-16 所示。

表 4-16　某公司客户服务行为等级划分

| 等级 | 描述 |
|------|------|
| 7 级 | 能够把握公司长远的盈利点，与客户之间形成伙伴关系 |
| 6 级 | 关注客户的潜在需求，能为客户起到专业参谋的作用 |
| 5 级 | 为客户行动，为客户提供超常规服务 |
| 4 级 | 勇于承担责任，能够亲自负责 |
| 3 级 | 能够与客户建立紧密且清晰的沟通渠道 |
| 2 级 | 能够跟进客户的回应，有问必答 |
| 1 级 | 被动地等待客户回应，拖延和含糊回答客户的问题 |

### 3. 验证评价标准

将初步完成的行为锚定评价表与实际从事该工作，或者对该工作理解较深入的优秀人员进行沟通，验证行为锚定评价表中各评价指标项的占比、指标定义、评价等级及打分结果的合理性等。

### 4. 绩效评定测试

针对某一类岗位或某一类事件，实际应用行为锚定评价表进行测试。测试该样表在实际运用过程中测评打分的可操作性、分数项的合理性、上下限之间的差距等，以便在正式运用之前及时做出调整。

【举例】

某公司对营销策划部策划文案岗位在方案设计方面的工作采用行为锚定法进行评价。公司经过对该岗位的调研和评估，制定了该岗位方案设计工作的行为锚定评价表，如表 4-17 所示。

表 4-17　方案设计工作行为锚定评价表

| 评价指标 | 占比 | 指标定义 | 评价等级 | | 对应得分 |
|---|---|---|---|---|---|
| 方案可行性 | 40% | 方案设计合理,具有可行性,能与案例结合 | 7 | 方案设计合理,与案例充分结合,具有很强的可行性 | 40 |
| | | | 6 | 方案设计合理,与案例充分结合 | 30 |
| | | | 5 | 方案设计合理,能够与案例结合 | 20 |
| | | | 4 | 方案设计能够与案例结合 | 15 |
| | | | 3 | 方案设计与案例有部分联系 | 10 |
| | | | 2 | 方案设计与案例联系较少 | 5 |
| | | | 1 | 方案设计与案例完全没有关联,完全主观臆造 | 0 |
| 方案创新性 | 30% | 方案内容完整、准确,形式美观新颖,具有创造性 | 7 | 方案内容完整、准确,完全满足要求,形式美观新颖,极具创造性 | 30 |
| | | | 6 | 方案内容完整、准确,完全满足要求,形式美观新颖,但创造性不足 | 25 |
| | | | 5 | 方案内容完整、准确,完全满足要求,形式美观 | 20 |
| | | | 4 | 方案内容完整,完全满足要求,形式普通 | 15 |
| | | | 3 | 方案内容完整,基本满足要求 | 10 |
| | | | 2 | 方案内容基本满足要求 | 5 |
| | | | 1 | 方案内容不满足要求 | 0 |
| 方案清晰性 | 30% | 方案整体结构明了,层次分明,重点突出 | 7 | 方案整体结构明了,重点突出,层次分明,一目了然 | 30 |
| | | | 6 | 方案整体结构明了,层次分明,重点基本突出 | 25 |
| | | | 5 | 方案整体结构明了,层次分明,重点不够突出 | 20 |
| | | | 4 | 方案整体结构基本明了,层次分明,但找不到重点 | 15 |
| | | | 3 | 方案整体结构基本明了,但看不出基本的层次结构 | 10 |
| | | | 2 | 能看到方案的整体结构 | 5 |
| | | | 1 | 方案设计杂乱无章 | 0 |

### 5. 建立评价体系

针对前 4 步的结果,建立行为锚定等级评价体系,确定评价的周期、评价人、评价的用途、员工指导与培训、薪酬的匹配等各项工作的支持与配合。

## 4.4.3 行为观察法

行为观察法又称行为观察量表法、观察评价法或行为观察量表评价法。这种方法是在关键事件法和行为锚定法的基础上发展出来的,是从另外的角度、采取另外的方式观察和评价被评价者的行为。

与行为锚定法不同的是,行为观察法不是确定某岗位员工的工作行为处于哪一种水平,而是确定该员工某种行为出现的频率。这种方法通常是评价者根据员工某种行为出现的频率来对被评价者打分。

行为观察法中用到的量表与行为锚定法中的量表的原理类似,但结构有所不同。行为观察法中的量表通常有一定的量化概念,通过行为观察法将各项分数汇总后,最终能够得出量化的分数。

要对各岗位实施行为观察法,我们可以按照以下 4 个步骤进行设计和实施。

### 1. 归纳行为标准

聚焦该岗位的关键行为,将关键行为归纳成具体的行为标准。

### 2. 形成观察量表

根据对关键行为的归纳,把员工的优秀行为指标归为一组,形成观察量表。

### 3. 评估检查修改

对观察量表做进一步的评估、检查、分析和改进,判断该量表在公司这一类岗位中的适用性和适应性。

### 4. 保证内部一致

在对某一类岗位应用行为观察法之前,要保证该岗位所有人员都能适应该量表。同时保证评价人的评价标准具有一致性。

【举例】

某产品销售公司 A 公司的销售专员岗位，除了业绩考核外，对日常的管理行为同样有一定的要求。公司人力资源部经过岗位分析后，归纳出公司销售专员岗位的关键行为项目，包括合同规范、市场信息搜集、团队协作、专业学习 4 项。

其中，合同规范的行为，需要销售专员能够保证所有业务签署的合同遵守公司时间性、完整性的规范。

市场信息搜集，需要销售专员能够了解同行业或竞业的具体情况，及时、准确地搜集和反馈市场信息。

团队协作，需要销售专员能够在团队内彼此协作，按照管理者的指令行事并具备较好的执行力。

专业学习，需要销售专员具备与销售相关的专业知识，具备一定的学习能力。

经过对在职销售专员岗位关键行为的分析和归纳，该公司制定出该岗位 4 项关键行为的观察量表，如表 4-18 所示。

表 4-18　A 公司销售专员岗位行为观察量表

| 行为评价项 | 5分 | 3分 | 1分 | 0分 | 权重 |
|---|---|---|---|---|---|
| 合同规范 | □完全能够按期提交合同，且销售合同完全符合公司规定 | □存在逾期提交合同的情况，但能够积极配合，及时改进，合同符合公司规定 | □存在逾期提交合同的情况，且存在合同不符合公司规定的情况，但愿意配合改正 | □存在逾期提交合同的情况，且存在合同不符合公司规定的情况，且不愿意改正 | 25% |
| 市场信息搜集 | □熟悉外部市场情况，能够经常为公司提供有价值的信息 | □基本了解市场信息，能够偶尔为公司提供有价值的信息 | □不太了解市场信息，基本不能为公司提供有价值的信息 | □对市场信息不了解，无搜集市场信息的概念和意识 | 30% |
| 团队协作 | □团队协作意识强，始终能做到得令则行，执行力强 | □团队协作意识一般，执行力有时候较强，有时候一般 | □团队协作意识和执行力常常一般，偶尔较差 | □不具备团队协作意识，执行力经常较差 | 25% |
| 专业学习 | □专业知识和专业能力较强，学习能力较强，学习意识较强 | □专业知识和专业能力一般，学习能力一般，学习意识较强 | □专业知识和专业能力一般，学习能力一般，学习意识较差 | □专业知识和专业能力较差，学习能力和学习意识较差 | 20% |

在制定出岗位行为观察量表后，人力资源部召集管理层、销售相关部门经

理和几位优秀的销售专员代表组成一个评审小组，召开评审会议，对岗位行为观察量表进行评估、分析和修改。

评审会议中，不同管理者和销售专员代表对当前的岗位行为观察量表各项具体行为标准进行了细化，并结合整个绩效评价的实施流程，提出了具备可行性和可操作性方面的修改意见和改进建议。

经过两轮修改之后，形成了最终的岗位行为观察量表，并按照讨论后的绩效评价流程实施。

A公司开始正式运用行为观察法对销售专员进行评价时，遇到了一个问题：不同的销售经理，对于岗位行为观察量表的运用水平是不同的。

有的销售经理非常关注销售专员的日常行为表现，对下属观察得比较仔细，对量表的评估和反馈非常客观、及时。

有的销售经理则更多关注业绩结果，并不关心下属的日常行为，对量表的反馈不认真也不及时。

对此，人力资源部召集公司管理层、销售部门经理及部分销售专员代表召开了交流会，就该绩效评价方法实施过程中的问题在会上做了通报，指明这种绩效评价的意义，明确当前的问题，统一各方的意见，指导评价者应用该量表。会后，该公司行为观察法的应用得到了明显的改善。

保证内部一致性可以采取以下方法。

（1）争取最高管理层的重视和关注。

（2）培训行为评价人对该方法的应用。

（3）培训被评价人对该方法的理解。

（4）实现公司各层级对该评价法行为一致。

### 4.4.4　加权选择法

加权选择法，又被称为加权选择量表法，也是一种通过观察客观行为进行量化评价的方法。加权选择法的设计比前3种行为类评价方法更复杂，但对评价人来说，评价的过程较简单。

加权选择法是通过一系列的描述性或形容性的语句，说明员工各种具体的工作行为和表现，并对每一项进行多等级的评分赋值。行为表现越好、对公司越有利，等级评分越高。行为表现越差、对公司越没有利，等级评分越低。

将这些行为表现及对应的等级评分写在一张量表上，由评价人根据被评价人是否存在某方面的行为或是否具备某项能力进行勾选，然后把各项的分值相加后得出被评价人最终的评价分数。

加权选择法可以按照以下 3 个步骤设计和实施。

### 1. 收集资料

组成岗位评价小组，进行工作岗位的调查、评价和分析，采集某岗位的有效行为和无效行为，对公司有重大影响的行为，以及对公司有利的行为和对公司不利的行为，并用简洁明了的语言描述出该行为的特征或表现。

### 2. 等级判断

对每一类行为进行等级判断，合并同类项，删除缺乏代表性的项。

### 3. 评分赋值

对每一个行为项目进行等级评价和分数赋值，行为表现越好，等级分值就越高。针对对公司不利的行为，可以赋予被评价人较低的分数，也可以赋予其负值。

【举例】

某公司准备对某部门的管理者实施加权选择法。为此，该公司成立了岗位评价小组，对该部门管理者进行调查评估后，发现这类岗位对公司有重大影响的，对公司有利和不利的行为如表 4-19 所示。

表 4-19　某公司管理岗位行为评估（部分）

| 类别 | 行为 |
| --- | --- |
| 对公司有利的行为 | 能够有效地制定部门计划 |
| | 能够实施并推进部门计划 |
| | 布置工作前，能够和下属进行讨论和沟通 |
| | 做重要决策前，能够征求下属的意见 |

续表

| 类别 | 行为 |
|---|---|
| 对公司有利的行为 | 耐心倾听下属的意见 |
| | 能够接受来自各方的意见、建议或批评 |
| | 自己愿意承担责任，也能够让下属承担责任 |
| | 能够给员工适时的表扬 |
| | 深入观察员工的行为 |
| | 愿意深入了解员工 |
| 对公司不利的行为 | 不能准确识人 |
| | 不能用人所长 |
| | 不愿意和下属有工作以外的任何接触 |
| | 对下属的承诺无法兑现 |
| | 刚愎自用，一意孤行 |
| | 不考虑下属的感受 |
| | 因自己判断失误而错怪下属，也不向下属道歉 |

根据表 4-19 的结果，该岗位评价小组经过相互之间的讨论以及与公司相关管理层的进一步讨论，合并同类项并删除一些缺乏代表性的项之后，讨论得出每项行为的具体分值，如表 4-20 所示。

**表 4-20　某公司管理岗位加权选择法评估量表（部分）**

| 行为 | 分值 |
|---|---|
| 能够有效制定、实施并推进部门计划 | 5 |
| 布置工作或做出重大决策前，能够和下属讨论、沟通，征求下属意见 | 4.5 |
| 日常工作中能够耐心倾听和接受来自各方的意见、建议或批评（包括下属） | 4.5 |
| 勇于承担责任，同时也能够让下属承担责任 | 4 |
| 能够适时地给予员工表扬 | 4 |
| 能够深入观察和了解员工工作之外的其他行为 | 3.5 |
| 不懂识人，不能用人所长 | −2 |
| 不愿意和下属有工作以外的任何接触 | −2 |
| 对下属的承诺无法兑现 | −1.5 |
| 刚愎自用，一意孤行，不考虑下属的感受 | −1.5 |
| 因自己判断失误而错怪下属，也不向下属道歉 | −1.5 |

### 4.4.5　强制排序法

强制排序法又叫强制排列法，是一种生活中比较常见的、简单易行的辅助性综合评价方法。这种方法通常由上级或评价人对下级或被评价人的工作表现按照优劣的顺序从第一名到最后一名进行排序。实务中因为各种原因，将被评价人排出先后顺序有主观上的难度，这种方法正是克服这种主观上的困难，进行强制排序，所以被称为强制排序法。

强制排序法的操作方法比较简单，其核心就是建立一个排行榜，把员工按排行榜的规则从高到低进行排列。有时候为了提高排序的精准程度，也可以根据岗位工作内容进行适当的分解。按照分解后的分项进行排序，再求出平均排序数，作为绩效评价的最终结果。

强制排序法可以分成两种，一种是客观强制排序法，另一种是主观强制排序法。客观强制排序法指排序过程用到的数据是量化的财务、生产统计等客观数据；主观强制排序法是根据上级评价、同级评价或评价小组的评价等主观判断进行排序的方法。

客观强制排序法可以直接通过收集量化数据，直接根据数据量值的高低进行排序。

主观强制排序法实施时，可以参考以下步骤。

**1. 确定评价人选**

主观强制排序法的评价人可以是员工的直接上级，也可以成立专门的评价小组。

**2. 选择评价因素**

主观强制排序法可以设置细分因素直接排序，也可以设置不同的因素主观打分后排序。

实施强制排序时，可以采用两种不同的做法，一种是直接排序法，另一种是交替排序法。直接排序法就是从高到低地排序。交替排序法则不按顺序，可以先排第 1 名，再排最后 1 名，再排第 2 名，再排倒数第 2 名，前后交替依次排序。直接排序法和交替排序法没有好坏之分，主要根据评价人或评价小组的应用习惯和实际需要而定。

3. 评价汇总排序

收集主观打分情况，汇总后得出最终的评价结果。

【举例】

某公司的销售部门有张三、李四、王五、赵六和徐七 5 位销售专员，该部门对销售专员的考核评价分成业绩考核和日常行为的强制排序两种。员工在一个考核期内最终的绩效评价由这两个部分按照相应公式计算出结果。

业绩考核根据财务部门提供的数据计算得出，日常行为的强制排序由分管 5 位销售专员的销售经理依据 5 人日常的行为表现进行排序。

该销售经理认为直接给 5 人做排序有些欠妥，在咨询了人力资源部以后，决定根据工作态度、团队意识、执行力和业务能力 4 项分类，分别对 5 人排序，然后计算这 4 项排序值的平均值。汇总后按平均值从小到大的顺序排名，得出排序结果如表 4-21 所示。

表 4-21　某公司某销售部门 5 位销售专员排序结果示意表

| 被评价人 | 工作态度 | 团队意识 | 执行力 | 业务能力 | 汇总平均 | 最终排序 |
| --- | --- | --- | --- | --- | --- | --- |
| 张三 | 4 | 3 | 1 | 5 | 3.25 | 3 |
| 李四 | 1 | 2 | 2 | 1 | 1.5 | 1 |
| 王五 | 2 | 1 | 4 | 2 | 2.25 | 2 |
| 赵六 | 3 | 5 | 3 | 3 | 3.5 | 4 |
| 徐七 | 5 | 4 | 5 | 4 | 4.5 | 5 |

注：表中的数字代表排序，数字越小代表排序越靠前。

### 4.4.6　强制分布法

强制分布法也叫强迫分配法或硬性分布法。与强制排序的方式不同，这种方法是人为地设置出几个分类，把被评价人按照不同的绩效、行为、态度、能力等标准归到不同分类中。

强制分布法源于美国通用电气公司（General Electric Company，GE）的前 CEO 杰克·韦尔奇（Jack Welch）提出的"活力曲线"。杰克·韦尔奇按照绩效和能力，将所有员工分成 3 类。活力曲线中员工的类别和比例如表 4-22 所示。

表 4-22　活力曲线中各员工分类及占比

| 分类 | A 类 | B 类 | C 类 |
| --- | --- | --- | --- |
| 占比 /% | 20 | 70 | 10 |

对于 A 类的员工，杰克·韦尔奇采取的策略是不断奖励，包括岗位晋升、提高工资、股权激励等。有的 A 类员工得到的奖励是 B 类员工的 2 ～ 3 倍。对于 B 类员工，杰克·韦尔奇会根据情况，适当为他们提升工资。对于 C 类员工，他们不但不会获得奖励，还将会被企业淘汰。

强制分布法根据员工"优劣"通常呈现"两头小、中间大"的正态分布规律。强制分布法首先进行等级区分，并确定每个等级中员工的数量占比，然后按每个员工绩效和能力的情况，强制按比例将员工列入其中的某个等级。

当公司被评价人员的数量较多时，适合采用强制分布法。由于人员正态分布的规律适用于大部分公司，所以在一定程度上可以减少评价人主观判断所产生的误差。

强制分布法便于公司顶层统一管理和控制，尤其是对于需要引入淘汰机制的公司，这种绩效评价方法具有一定的激励作用和鞭策功能。

强制分布法的实施可以分成如下 4 步。

### 1. 区分等级

确定公司期望的等级划分及每个等级中的人数比例。公司需要确定针对不同等级所采取的不同奖励，使各个等级之间的不同奖励具有一定的激励效果。

### 2. 绩效评分

对员工进行绩效评分。如果是直属上级或某个特定的评价人评分，则可以直接得出结果；如果是评价小组评分，则由评价小组成员分别评分后，计算平均分，得出评价分数结果。

### 3. 等级划分

根据员工的评价分数结果，将员工对应划分到事先划分好的等级中。

### 4. 开展实施

依据事先确定的规则，参照员工最终的等级划分结果，实施相关的激励政策。

【举例】

某公司实施强制分布法评价员工，决定把全公司所有员工分成 A、B、C、D、E 这 5 个等级，每个等级对应的人数占比如表 4-23 所示。

表 4-23　某公司实施强制分布法的等级划分和人数占比

| 等级类别 | A | B | C | D | E |
| --- | --- | --- | --- | --- | --- |
| 人数占比 /% | 10 | 20 | 30 | 30 | 10 |

等级评定为 A 的员工，第二年薪酬将提升 20%。

等级评定为 B 的员工，第二年薪酬将提升 15%。

等级评定为 C 的员工，第二年薪酬将提升 10%。

等级评定为 D 的员工，第二年薪酬将提升 5%。

等级评定为 E 的员工，第二年薪酬不变。

该公司按照大部门评价人员等级，要求每个大部门的人员同样按照该比例划分。大部门内的人员评价工作由部门负责人负责组织，由人力资源部负责监督和协助部门负责人实施。

某部门共有 10 名员工，该部门负责人为了体现公正性，成立了评价小组，按照工作态度、工作能力和工作绩效 3 个维度，对部门内的成员进行评价。表 4-24 所示为该部门绩效评价样表。

表 4–24　某部门绩效评价样表

| 部门 | 姓名 | 工作态度权重 30% | 工作能力权重 30% | 工作绩效权重 40% | 得分 |
|------|------|------|------|------|------|
|  |  |  |  |  |  |

汇总平均各评价小组成员的评分结果后，得到部门所有员工的评价结果，并根据评价结果，参照等级划分比例，划分出不同员工所属等级，如表 4-25 所示。

表 4-25　某部门评价结果和等级划分

| 姓名 | 评价分数 | 所属等级 |
|------|------|------|
| 张晓萌 | 82 | C |
| 李舒淇 | 87 | B |
| 王海燕 | 83 | C |
| 徐峰 | 89 | A |
| 王磊 | 75 | D |
| 张强 | 72 | E |
| 李艳 | 81 | C |
| 刘乐乐 | 78 | D |
| 徐晓梅 | 76 | D |
| 王晓明 | 86 | B |

该部门负责人将该结果提交至人力资源部。人力资源部汇总全公司的绩效评价结果后，第二年的薪酬提升按此结果实施。

### 4.4.7　360 度考评法

360 度考评法也叫全方位评估法，最早是由英特尔公司提出并实施的。它是通过员工的直接上级、直接下级、关联方、顾客及员工本人对员工的绩效进行全方位评估。被评价人不仅可以获得来自各方的反馈，也可以从不同角度的反馈中更清醒地认识自己的优势与不足。

360 度考评法的应用比较广泛，几乎所有的公司都可以应用这种方法来评价人才。360 度考评法中被评价人与各方的关系如图 4-13 所示。

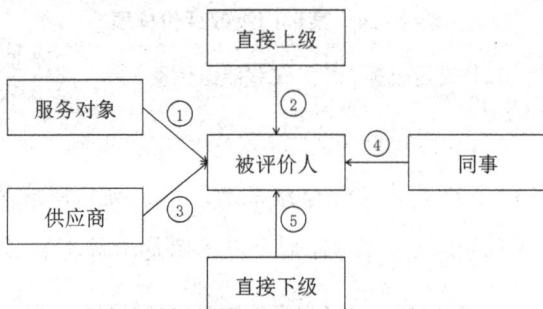

图 4-13　360 度考评法中被评价人与各方的关系

在 360 度考评法中，不同关系间设置的权重比例一般为①>②>③>④>⑤，例如可以分别设置为 30%、25%、20%、15%、10%。

360 度考评法的操作方法可以分成以下 3 步。

## 1. 实施准备

实施 360 度考评法首先需要确定评估的目的、内容、对象和方式，如果可能的话，最好先在内部测试一下再开展实施。

## 2. 开始实施

准备工作完成后，需要发送通知，召集团队，按照计划开展实施。在实施的过程中，公司需要注意过程管控，监控打分的过程。

## 3. 汇总应用

在 360 度考评法实施的最后，公司需要回收评估调查问卷，整理数据，对数据进行处理和分析，然后应用汇总的结果。

# Chapter 5

第 5 章
# 股权激励方案实战案例

国内不少公司会采用不同形式的股权激励，本章选择美的集团、用友网络、中微公司、松宝智能这 4 家比较典型公司的股权激励方案，它们分别对应着股票期权、限制性股票、股票增值权和虚拟股票这 4 种比较常见的股权激励形式。

# 5.1 美的集团股票期权激励方案

美的集团股份有限公司（以下简称"美的集团"）（A 股代码：000333），是一家集消费电器、暖通空调、机器人与自动化系统、智能供应链（物流）于一体的科技集团，提供多元化的产品种类，包括以厨房家电、冰箱、洗衣机及各类小家电为核心的消费电器业务；以家用空调、中央空调、供暖及通风系统为核心的暖通空调业务；以库卡集团、安川机器人合资公司等为核心的机器人及工业自动化系统业务；以安得智联为集成解决方案服务平台的智能供应链业务。

家电行业一直是竞争比较激烈的行业。美的集团能在激烈的行业竞争中仍然保持业绩持续增长，这与其公司的管理体制及健全的股权激励计划是分不开的。2021 年 4 月，美的集团推出第八期股票期权激励计划，主要内容如下。

## 5.1.1 激励对象的确定依据和范围

### 1. 激励对象的确定依据

（1）确定激励对象的法律依据

激励对象以《公司法》《证券法》《上市公司股权激励管理办法》和其他相关法律、法规、规章和规范性文件的规定及《公司章程》的相关规定为依据，并结合公司实际情况确定。

（2）确定激励对象的职务依据

激励对象为美的集团及下属单位的研发、制造、品质等科技人员及相关中高层管理人员。公司现任的独立董事和监事不参与本计划。

（3）确定激励对象的考核依据

依据公司董事会通过的《美的集团股份有限公司第八期股票期权激励计划实施考核办法》（以下简称《考核办法》）对激励对象进行考核，激励对象经考核合格后方具有获得授予本计划项下股票期权的资格。

### 2. 激励对象的范围

授予的激励对象共计 1901 人，对象范围侧重于研发、制造、品质等科技人员及相关中高层管理人员，与公司"科技领先、用户直达、数智驱动、全球突破"的战略主轴相一致，将有利于推动公司持续稳定的业绩增长与公司战略的实现。

上述激励对象不包括独立董事、监事及单独或合计持有公司 5% 以上股份的股东或实际控制人及其配偶、父母、子女。

计划经董事会审议通过后，并在公司召开股东大会前，通过公司网站或其他途径，在公司内部公示激励对象的姓名和职务，公示期不少于 10 天。公司监事会将对激励对象名单进行审核，充分听取公示意见，并在公司股东大会审议本激励计划前 5 日披露监事会对激励对象名单审核及公示情况的说明。经公司董事会调整的激励对象名单亦应经公司监事会核实。

### 5.1.2　激励计划的股票来源和数量

### 1. 本次激励计划的股票来源

公司将通过向激励对象定向发行股票作为本次激励计划的股票来源。

### 2. 授予股票期权的数量

本次激励计划拟授予激励对象的股票期权数量为 8248 万份，对应的标的股票数量为 8248 万股，占美的集团已发行股本总额的 1.17%。股票期权有效期内若发生资本公积金转增股本、派发股票红利、股份拆细、缩股、配股等事宜，股票期权行权价格及所涉及的标的股票数量将根据本计划相关规定进行调整。

### 3. 授予的股票期权分配情况

授予的股票期权在各激励对象间的分配情况如表 5-1 所示。

表 5-1　授予的股票期权在各激励对象间的分配情况

| 类型 | 人数 | 拟分配股票期权数量 / 万份 | 占本次授予股票期权总数的比例 /% | 占公司目前总股本的比例 /% |
|---|---|---|---|---|
| 研发人员 | 735 | 3076 | 37.29 | 0.44 |
| 制造人员 | 334 | 1376 | 16.68 | 0.20 |
| 品质人员 | 106 | 435.5 | 5.28 | 0.06 |
| 其他业务骨干 | 726 | 3360.5 | 40.74 | 0.48 |
| 合计 | 1901 | 8248 | 约 100 | 约 1.18 |

## 5.1.3　股票期权激励方案相关日期

股票期权激励计划中包括有效期、授予日、等待期、可行权日和禁售期 5 个关键日期，内容如下。

### 1. 有效期

本激励计划的有效期为 5 年，自股票期权授予之日起计算。

### 2. 授予日

授予日必须为交易日，本激励计划授予日在本计划由公司股东大会审议批准后 60 日内由公司董事会确定。

自公司股东大会审议通过本计划之日起 60 日内，公司应按相关规定召开董事会对激励对象进行授予，并完成登记、公告等相关程序。

### 3. 等待期

等待期指股票期权授予后至股票期权可行权日之间的时间，本计划的等待期为 2 年。

### 4. 可行权日

激励对象可以自授予日起满 2 年后开始行权。可行权日必须为交易日，且在行权有效期内，但不得在下列期间内行权。

（1）公司定期报告公告前 30 日内，因特殊原因推迟定期报告公告日期的，自原预约公告日前 30 日起算，至公告前 1 日。

（2）公司业绩预告、业绩快报公告前 10 日内。

（3）自可能对本公司股票及其衍生品种交易价格产生较大影响的重大事件发生之日或者进入决策程序之日，至依法披露后 2 个交易日内。

（4）中国证监会及深圳证券交易所规定的其他期间。

激励对象必须在期权有效期内行权完毕，期权有效期结束后，已获授但尚未行权的股票期权不得行权，由公司注销。

### 5. 禁售期

禁售期是指对激励对象行权后所获股票进行售出限制的时间段。

本次股票期权激励计划的禁售规定按照《公司法》《证券法》等相关法律法规规定和《公司章程》执行，具体规定如下。

（1）如激励对象为公司董事和高级管理人员的，其在任期届满前离职的，应当在其就任时确定的任期内和任期届满后 6 个月内，每年转让的股份不得超过其所持有本公司股份总数的 25%；在离职后半年内，不得转让其所持有的本公司股份。

（2）如激励对象为公司董事和高级管理人员的，将其持有的本公司股票在买入后 6 个月内卖出，或者在卖出后 6 个月内又买入，由此所得收益归本公司所有，本公司董事会将收回其所得收益。

（3）在本激励计划的有效期内，如果《公司法》《证券法》等相关法律、法规、规范性文件和《公司章程》中对公司董事和高级管理人员持有股份转让的有关规定发生了变化，则这部分激励对象转让其所持有的公司股票应当在转让时符合修改后的《公司法》《证券法》等相关法律、法规、规范性文件和《公司章程》的规定。

### 5.1.4　股票期权行权价格确定方法

股票期权的行权价格或行权价格的确定方法如下。

#### 1. 授予的股票期权的行权价格

授予的股票期权的行权价格为下列价格之较高者。

（1）本计划草案摘要公布前 1 个交易日的公司股票交易均价 82.98 元。

（2）本计划草案摘要公布前 20 个交易日内的公司股票交易均价 81.90 元。

根据上述原则，本激励计划授予的股票期权行权价格为每股人民币 82.98 元。在满足行权条件后，激励对象获授的每份股票期权可以行权价格 82.98 元购买 1 股公司 A 股股票。

#### 2. 股票期权行权价格的调整

在本激励计划有效期内发生派息、资本公积金转增股本、派发股票红利、股份拆细或缩股、增发股票等事宜时，行权价格将根据本计划相关规定进行调整。

### 5.1.5　股票期权的授予条件和行权条件

股票期权授予条件和行权条件的相关内容如下。

#### 1. 股票期权的授予条件

激励对象只有在同时满足下列条件时，才能获授股票期权。

（1）公司未发生以下任一情形

① 最近一个会计年度财务会计报告被注册会计师出具否定意见或者无法表

示意见的审计报告。

② 最近一个会计年度财务报告内部控制被注册会计师出具否定意见或无法表示意见的审计报告。

③ 上市后最近 36 个月内出现过未按法律法规、公司章程、公开承诺进行利润分配的情形。

④ 法律法规规定不得实行股权激励的。

⑤ 中国证监会认定的其他情形。

（2）激励对象未发生以下任一情形

① 最近 12 个月内被证券交易所认定为不适当人选。

② 最近 12 个月内被中国证监会及其派出机构认定为不适当人选。

③ 最近 12 个月内因重大违法违规行为被中国证监会及其派出机构行政处罚或者采取市场禁入措施。

④ 具有《公司法》规定的不得担任公司董事、高级管理人员情形的。

⑤ 法律法规规定不得参与上市公司股权激励的。

⑥ 中国证监会认定的其他情形。

⑦ 公司董事会认定其他严重违反公司有关规定的。

### 2. 股票期权的行权条件

激励对象行使已获授的股票期权时，必须同时满足以下条件。

（1）公司未发生以下任一情形

① 最近一个会计年度财务会计报告被注册会计师出具否定意见或者无法表示意见的审计报告。

② 最近一个会计年度财务报告内部控制被注册会计师出具否定意见或无法表示意见的审计报告。

③ 上市后最近 36 个月内出现过未按法律法规、公司章程、公开承诺进行利润分配的情形。

④ 法律法规规定不得实行股权激励的。

⑤ 中国证监会认定的其他情形。

（2）激励对象未发生以下任一情形

① 最近 12 个月内被证券交易所认定为不适当人选。

② 最近 12 个月内被中国证监会及其派出机构认定为不适当人选。

③ 最近 12 个月内因重大违法违规行为被中国证监会及其派出机构行政处罚或者采取市场禁入措施。

④ 具有《公司法》规定的不得担任公司董事、高级管理人员情形的。

⑤ 法律法规规定不得参与上市公司股权激励的。

⑥ 中国证监会认定的其他情形。

⑦ 公司董事会认定其他严重违反公司有关规定的。

（3）考核合格

下一小节具体介绍考核办法。

（4）业绩条件

下一小节具体介绍业绩条件。

（5）行权安排

本激励计划有效期为自股票期权授予日起 5 年。股票期权自授予日起满 24 个月后（即等待期后），激励对象应在未来 36 个月内分 3 期行权。

授予的股票期权行权期及各期行权时间安排如表 5-2 所示。

表 5-2　授予的股票期权行权期及各期行权时间安排

| 阶段名称 | 时间安排 | 行权比例 /% |
|---|---|---|
| 第 1 个行权期 | 自授予日起 24 个月后的首个交易日起至授予日起 36 个月的最后一个交易日止 | 30 |
| 第 2 个行权期 | 自授予日起 36 个月后的首个交易日起至授予日起 48 个月的最后一个交易日止 | 30 |
| 第 3 个行权期 | 自授予日起 48 个月后的首个交易日起至授予日起 60 个月的最后一个交易日止 | 40 |

### 5.1.6　股票期权激励方案考核办法

股票期权激励计划的考核对象为股权激励计划所确定的所有激励对象，即薪酬与考核委员会确定并经董事会审议通过的所有激励对象，包括美的集团及下属单位的中高层管理人员、业务技术骨干人员。

考核组织职责权限包括：董事会薪酬与考核委员会负责领导和组织考核工作；公司人力资源部负责考核的实施和执行，并对数据的真实性和可靠性负责；公司董事会负责本办法的审批。

考核方法与考核内容如下。

### 1. 公司层面的业绩考核

财务业绩考核的指标主要为：归属于母公司股东的净利润（需剔除考核当期并购重组及重大资产处置对损益的影响）。

本计划授予的股票期权，在行权期的 3 个会计年度中，分年度进行绩效考核并行权，以达到绩效考核目标作为激励对象的行权条件之一。

授予的股票期权各年度绩效考核目标如表 5-3 所示。

表 5-3　授予的股票期权各年度绩效考核目标

| 阶段名称 | 业绩考核目标 |
| --- | --- |
| 第 1 个行权期 | 2021 年度及 2022 年度的净利润不低于前 2 个会计年度平均水平的 110% |
| 第 2 个行权期 | 2023 年度的净利润不低于前 2 个会计年度平均水平的 110% |
| 第 3 个行权期 | 2024 年度的净利润不低于前 2 个会计年度平均水平的 110% |

### 2. 经营单位层面的业绩考核

（1）经营单位的考核是通过该单位年度经营指标的考核结果确定达标情况。

（2）考核结果按得分划分：激励对象实际可生效股票期权与个人所在单位前 2 个年度经营指标考核得分挂钩。

在公司业绩考核及激励对象个人考核均达标的情况下，根据激励对象所在单位前 2 个年度经营指标考核得分情况按如下比例参与当年股票期权的获授与行权，具体如表 5-4 所示。

表 5-4 单位经营指标考核得分情况与个人实际可生效股票期权对应情况

| 单位经营指标考核得分情况 | 个人实际可生效股票期权占本次应生效股票期权的比例 /% |
|---|---|
| 优秀 | 100 |
| 合格 | 80 |
| 一般 | 65 |
| 较差 | 0 |

在行权期内，若达到行权条件，激励对象可对相应比例的股票期权行权。符合行权条件但未在上述行权期内全部行权的，则未行权的该部分期权由公司注销；达不到行权条件的，则当期的股票期权不得行权，由公司注销。

（3）具体达标情形及规则，参照美的集团内部的《绩效考评管理细则》。

### 3. 个人层面的业绩考核

激励对象个人的绩效考核内容由各经营单位人力资源部门会同部门负责人设定，由经营单位人力资源部门审核确认。

考核结果按等级划分：激励对象上一个年度考核等级在 B 级及以上为"达标"，方能参与当年度股票期权的获授与行权。激励对象实际可生效股票期权与个人上一个年度绩效考核等级挂钩，具体如表 5-5 所示。

表 5-5 个人绩效等级与个人实际可生效股票期权对应情况

| 个人绩效等级 | 个人实际可生效股票期权占本次应生效股票期权的比例 /% |
|---|---|
| S、A、B | 100 |
| C、D | 0 |

公司人力资源部等相关部门在董事会薪酬与考核委员会的指导下负责具体的考核工作，保存考核结果，并在此基础上形成绩效考核报告上交董事会薪酬与考核委员会。公司董事会负责考核结果的审核。

对考核记录的管理如下。

（1）考核结束后，人力资源部应保留绩效考核所有考核记录。考核结果作为保密资料归案保存。

（2）为保证绩效记录的有效性，绩效记录上不允许涂改，若要重新修改或重新记录，须由当事人签字。

（3）绩效考核记录保存期为 5 年，对于超过保存期限的文件与记录，经薪酬与考核委员会批准后由人力资源部统一销毁。

美的公司本次股权激励计划考核指标分为 3 个层次，分别为公司层面业绩考核、激励对象所在经营单位层面业绩考核和个人层面绩效考核。

公司层面业绩考核指标为归母净利润，归母净利润指标反映公司未来盈利能力，能够树立较好的资本市场形象。经过合理预测并兼顾本计划的激励作用，公司为本次股权激励计划设定了 2021—2024 年度归母净利润分别不低于前 2 个会计年度平均水平的 110% 业绩考核指标。

若考核当期有新增并购重组业务或重大资产处置，可能导致与公司实施激励计划时设立的考核指标所涵盖的业务范围并不一致，所以剔除考核当期新增并购重组业务及重大资产处置对当期损益的影响，考核指标才具有连贯性和一致性。

激励对象所在经营单位层面业绩考核是依据单位在各个行权期的前 2 个会计年度经营责任制确定的相关业绩经营指标。

除公司层面及激励对象所在经营单位层面的业绩考核外，公司对个人还设置了严密的绩效考核体系，能够对激励对象的工作绩效做出较为准确、全面的综合评价。公司将根据激励对象在各个行权期的前一年度绩效考评结果，确定激励对象个人是否达到行权的条件及具体行权比例。

公司本次激励计划的考核体系具有全面性、综合性及可操作性，考核指标设定具有良好的科学性和合理性，同时对激励对象具有约束效果，能够达到本次激励计划的考核目的。

### 5.1.7　股票期权数量调整及行权价格

自股票期权授予日起，若在行权前公司有资本公积金转增股本、派送股票红利、股票拆细、配股或缩股等事项，应对股票期权数量进行相应的调整。调整方法如下。

**1. 资本公积金转增股本、派送股票红利、股票拆细**

$$Q=Q_0 \times (1+n)$$

其中：$Q_0$ 为调整前的股票期权数量；

$n$ 为每股的资本公积金转增股本、派送股票红利、股票拆细的比率（即每股股票经转增、送股或拆细后增加的股票数量）；

$Q$ 为调整后的股票期权数量。

**2. 配股**

$$Q=Q_0 \times P_1 \times (1+n) \div (P_1 + P_2 \times n)$$

其中：$Q_0$ 为调整前的股票期权数量；

$P_1$ 为股权登记日当日收盘价；

$P_2$ 为配股价格；

$n$ 为配股的比例（即配股的股数与配股前公司总股本的比例）；

$Q$ 为调整后的股票期权数量。

**3. 缩股**

$$Q=Q_0 \times n$$

其中：$Q_0$ 为调整前的股票期权数量；

$n$ 为缩股比例（即 1 股公司股票缩为 $n$ 股股票）；

$Q$ 为调整后的股票期权数量。

自股票期权授予日起，若在行权前有派息、资本公积金转增股本、派送股票红利、股票拆细、配股或缩股等事项，应对行权价格进行相应的调整。调整方法如下。

**1. 资本公积金转增股本、派送股票红利、股票拆细**

$$P=P_0 \div (1+n)$$

其中：$P_0$ 为调整前的行权价格；

$n$ 为每股的资本公积金转增股本、派送股票红利、股票拆细的比率；

$P$ 为调整后的行权价格。

## 2. 配股

$$P=P_0 \times (P_1+P_2 \times n) \div [P_1 \times (1+n)]$$

其中：$P_0$ 为调整前的行权价格；

$P_1$ 为股权登记日当日收盘价；

$P_2$ 为配股价格；

$n$ 为配股的比例；

$P$ 为调整后的行权价格。

## 3. 缩股

$$P=P_0 \div n$$

其中：$P_0$ 为调整前的行权价格；

$n$ 为缩股比例；

$P$ 为调整后的行权价格。

## 4. 派息

$$P=P_0-V$$

其中：$P_0$ 为调整前的行权价格；

$V$ 为每股的派息额；

$P$ 为调整后的行权价格。

### 5.1.8　期权授予及激励对象行使程序

股票期权激励计划的生效程序如下。

（1）公司董事会薪酬与考核委员会拟定股票期权激励计划草案，并提交董事会审议。董事会审议本激励计划时，作为激励对象的董事或与其存在关联关系的董事应当回避表决。董事会应当在审议通过本激励计划并履行公示、公告程序后，将本激励计划提交股东大会审议；同时提请股东大会授权，负责实施股票期权的授权、行权、注销工作。

（2）独立董事及监事会应当就股票期权激励计划草案是否有利于上市公司的持续发展，是否存在明显损害上市公司及全体股东利益的情形发表意见。

（3）公司发出召开股东大会的通知，并同时公告法律意见书。

（4）公司应当在召开股东大会前，通过公司网站或者其他途径，在公司内部公示激励对象的姓名和职务（公示期不少于10天）。监事会应当对股权激励名单进行审核，充分听取公示意见。公司应当在股东大会审议本计划前5日披露监事会对激励名单审核及公示情况的说明。

（5）上市公司应当对内幕信息知情人在股票期权激励计划草案公告前6个月内买卖本公司股票及其衍生品种的情况进行自查，说明是否存在内幕交易行为。

（6）公司股东大会在对本次股票期权激励计划进行投票表决时，独立董事应当就本次股票期权激励计划向所有股东征集委托投票权。股东大会应当对《上市公司股权激励管理办法》第九条规定的股票期权激励计划内容进行表决，并经出席会议的非关联股东所持表决权的2/3以上通过，单独统计并披露除公司董事、监事、高级管理人员、单独或合计持有公司5%以上股份的股东以外的其他股东的投票情况。

（7）董事会根据股东大会授权办理激励计划实施的相关事宜。自公司股东大会审议通过激励计划之日起60日内，董事会将按相关规定对激励对象授予股票期权，并完成登记、公告等相关程序。

激励对象授予程序如下。

（1）股东大会审议通过本激励计划后，公司与激励对象签署《股票期权授予协议书》，以约定双方的权利义务关系。

（2）公司在向激励对象授予股票期权前，董事会应当就股票期权激励计划设定的激励对象获授股票期权的条件是否成就进行审议并公告。

独立董事及监事会应当同时发表明确意见。律师事务所应当对激励对象获授股票期权的条件是否成就出具法律意见。

（3）公司监事会应当对股票期权授予日及激励对象名单进行核实并发表意见；

（4）公司向激励对象授予股票期权与股权激励计划的安排存在差异时，独立董事、监事会（当激励对象发生变化时）、律师事务所、独立财务顾问（如有）应当同时发表明确意见。

（5）股权激励计划经股东大会审议通过后，公司应当在 60 日内向激励对象授予股票期权并完成公告、登记。公司董事会应当在授予的股票期权登记完成后及时披露相关实施情况的公告。若公司未能在 60 日内完成上述工作，董事会应当及时披露未完成的原因，并宣告终止实施股权激励，自公告之日起 3 个月内不得再次审议股权激励计划（根据《上市公司股权激励管理办法》规定，上市公司不得授出股票期权的期间不计算在 60 日内）。

（6）公司授予股票期权前，应当向证券交易所提出申请，经证券交易所确认后，由登记结算公司办理登记结算事宜。

激励对象行权的程序如下。

（1）公司董事会在可行权日之前确定本激励计划的行权方式，并向激励对象告知具体的操作程序。

（2）公司董事会薪酬与考核委员会对激励对象的行权数额、行权资格与行权条件进行审查确认。

（3）激励对象按照董事会确定的行权方式行权，公司（或委托券商）办理相应的股票登记事宜。

（4）公司向登记机关办理工商变更登记手续。

股权激励计划的变更程序如下。

（1）公司在股东大会审议本激励计划之前拟变更本激励计划的，需经董事会审议通过。

（2）公司在股东大会审议通过本激励计划之后变更本激励计划的，应当由股东大会审议决定，且不得包括下列情形。

① 导致加速行权的情形。

② 降低行权价格的情形。

股权激励计划的终止程序如下。

（1）公司在股东大会审议本激励计划之前拟终止实施本激励计划的，需经董事会审议通过。

（2）公司在股东大会审议通过本激励计划之后终止实施本激励计划的，应当由股东大会审议决定。

公司股东大会或董事会审议通过终止实施股权激励计划决议的，自决议公告之日起3个月内，不得再次审议股权激励计划。

（3）律师事务所应当就公司终止实施本激励计划是否符合《上市公司股权激励管理办法》及相关法律法规的规定、是否存在明显损害公司及全体股东利益的情形发表专业意见。

## 5.2 用友网络限制性股票激励方案

用友网络科技股份有限公司（以下简称"用友网络"）（A股代码：600588）创立于1988年，是企业与公共组织云服务和软件提供商。用友网络通过构建和运行全球领先的商业创新平台——用友BIP，服务企业数智化转型和商业创新，成就千万数智企业，让企业云服务随需而用，让数智价值无处不在，让商业创新如此便捷。

用友网络是中国企业数智化服务和软件国产化自主创新的领导厂商，在营销、采购、制造、供应链、金融、财务、人力、协同及平台服务等领域为客户提供数字化、智能化、高弹性、安全可信、平台化、生态化、全球化和社会化的企业云服务产品与解决方案。

2021年7月，用友网络发布限制性股票激励计划，主要内容如下。

### 5.2.1 激励对象的确定依据和范围

#### 1. 激励对象的确定依据

（1）激励对象确定的法律依据。本激励计划激励对象根据《公司法》《证券法》《上市公司股权激励管理办法》等有关法律、法规、规范性文件和《公司章程》的相关规定，结合公司实际情况而确定。

（2）激励对象确定的职务依据。本激励计划激励对象为符合条件的公司高级管理人员及其他骨干员工（不包括独立董事、监事），激励对象的具体条件要求由公司制定，包括带领公司实现战略的领军团队（核心骨干团队），承担集团战略落地实现和支撑的重要骨干（主要为中高级管理人员和专家），以及专业能力强、岗位价值明显的其他骨干。

### 2. 激励对象的范围

本激励计划涉及的激励对象共计 2076 人，约占截至 2020 年 12 月 31 日在册员工总数 18082 人的 11.48%，包括在公司任职的高级管理人员、中高级管理人员、专家等骨干员工。

本激励计划涉及的激励对象不包括独立董事、监事及单独或合计持有公司 5%以上股份的股东或实际控制人及其配偶、父母、子女。以上激励对象中，高级管理人员必须经公司董事会聘任，所有激励对象必须在本计划授予时与公司具有雇佣关系。

本计划经董事会审议通过后，公司在内部公示激励对象的姓名和职务，公示期不少于 10 天。公司监事会将对激励对象名单进行审核，充分听取公示意见，并在公司股东大会审议本激励计划前 5 日披露监事会对激励对象名单审核及公示情况的说明。经公司董事会调整的激励对象名单亦应经公司监事会核实。

### 5.2.2　激励计划的股票来源和数量

#### 1. 激励计划的股票来源

（1）本激励计划股票来源为公司从二级市场回购的本公司 A 股普通股。

本次回购股份的资金来源为自有资金、自筹资金及其他合法资金，本次回购不会对公司的经营、财务和未来发展产生重大影响，不会影响公司的上市地位。

（2）具体回购程序如下。

① 公司于 2019 年 1 月 2 日召开了第七届董事会第三十次会议，审议通

过了《公司关于以集中竞价交易方式回购股份的议案》。详情请见公司于 2019 年 1 月 3 日披露的《公司第七届董事会第三十次会议决议公告》（编号：临 2019-001）、《公司关于以集中竞价交易方式回购股份方案的公告》（编号：临 2019-002）。

② 截至 2019 年 7 月 2 日，公司回购时间已到期，公司于 2019 年 7 月 4 日披露了《公司关于股份回购实施结果暨股份变动公告》（详见公告临 2019-050），实际回购公司股份 19186721 股，占公告日公司总股本的 1%。

③ 2019 年激励计划使用 706060 股作为限制性股票的来源，该期激励计划授予后剩余 18480661 股。

④ 2020 年激励计划使用 18275161 股作为限制性股票的来源，该期激励计划授予后剩余 205500 股。

⑤ 公司于 2021 年 3 月 5 日召开了第八届董事会第十六次会议，审议通过了《关于以集中竞价交易方式回购公司股份方案的议案》。详情请见公司于 2021 年 3 月 6 日披露的《公司第八届董事会第十六次会议决议公告》（编号：临 2021-010）、《公司关于以集中竞价交易方式回购公司股份方案的公告》（编号：临 2021-011）。

⑥ 公司于 2021 年 7 月 5 日披露了《公司关于以集中竞价方式回购公司股份的进展公告》（详见公告临 2021-051），2021 年 3 月 6 日至 2021 年 6 月 30 日期间，公司累计回购股份数量为 17698377 股，占公司目前总股本的比例为 0.5411%。

⑦ 截至目前，公司回购账户中股份数量为 17903877 股。本期激励计划中的 10462100 股限制性股票全部来源于上述回购后未使用的公司股票。

**2. 激励计划标的股票的数量**

公司拟向激励对象授予不超过 10462100 股公司限制性股票，占本激励计划公告时公司股本总额 3270531450 股的 0.320%。

授予的限制性股票在各激励对象间的分配情况如表 5-6 所示。

表 5-6　授予的限制性股票在各激励对象间的分配情况

| 姓名 | 获授的限制性股票<br>数量 / 股 | 占授予限制性股票<br>总数的比例 /% | 占公司目前总股本<br>的比例 /% |
|---|---|---|---|
| 樊 × × | 135600 | 1.30 | 0.004 |
| 杨 × × | 91500 | 0.87 | 0.003 |
| 齐 × × | 35400 | 0.34 | 0.001 |
| 其他骨干员工（2073 人） | 10199600 | 97.49 | 0.312 |
| 合计 | 10462100 | 100.00 | 0.320 |

注：上述任何一名激励对象通过全部有效的股权激励计划获授的本公司股票均未超过公司总股本的 1%。公司全部有效的激励计划所涉及的标的股票总数累计不超过股权激励计划提交股东大会时公司股本总额的 10%。本计划激励对象中没有持有公司 5% 以上股权的主要股东或实际控制人及其配偶、父母、子女。

### 5.2.3　限制性股票激励方案相关日期

本激励计划有效期自限制性股票授予登记完成之日起至激励对象获授的限制性股票全部解除限售或回购注销之日止，最长不超过 36 个月。

#### 1. 授予日

本激励计划的授予日在本激励计划提交公司股东大会审议通过后由公司董事会确定。公司股东大会审议通过本激励计划后 60 日内（根据《上市公司股权激励管理办法》规定，上市公司不得授出权益的期间不计算在 60 日内），由公司按相关规定召开董事会向激励对象授予权益，并完成公告、登记等相关程序。授予日必须为交易日。

公司不得在下列期间内进行限制性股票授予。

（1）公司定期报告公告前 30 日内，因特殊原因推迟定期报告公告日期的，自原预约公告日前 30 日起算，至公告前 1 日。

（2）公司业绩预告、业绩快报公告前 10 日内。

（3）自可能对本公司股票及其衍生品种交易价格产生较大影响的重大事件发生之日或者进入决策程序之日，至依法披露后 2 个交易日内。

（4）中国证监会及上海证券交易所规定的其他期间。

上述"重大交易""重大事项""可能影响股价的重大事件"为公司依据《上海证券交易所股票上市规则》的规定应当披露的交易或其他重大事项。

上述公司不得授出限制性股票的期间不计入 60 日期限之内。

### 2. 限售期

本激励计划授予的限制性股票适用不同的限售期，均自限制性股票授予登记完成之日起算，分别为 12 个月、24 个月。激励对象根据本激励计划获授的限制性股票在解除限售前不得转让、用于担保或偿还债务。

解除限售后，公司为满足解除限售条件的激励对象办理解除限售事宜，未满足解除限售条件的激励对象持有的限制性股票由公司回购注销。

### 3. 解除限售安排

本激励计划授予的限制性股票的解除限售期及各期解除限售时间安排如表 5-7 所示。

表 5-7　激励计划授予的限制性股票的解除限售期及各期解除限售时间安排

| 解除限售安排 | 解除限售时间 | 解除限售比例 /% |
| --- | --- | --- |
| 限制性股票第 1 个解除限售期 | 自授予登记完成之日起 12 个月后的首个交易日起至授予登记完成之日起 24 个月内的最后一个交易日当日止 | 50 |
| 限制性股票第 2 个解除限售期 | 自授予登记完成之日起 24 个月后的首个交易日起至授予登记完成之日起 36 个月内的最后一个交易日当日止 | 50 |

在上述约定期间内未申请解除限售的限制性股票或因未达到解除限售条件而不能解除限售的该期限制性股票，公司将按本激励计划规定的原则回购并注销。

激励对象获授的限制性股票由于资本公积金转增股本、股票红利、股票拆细而取得的股份同时限售，不得在二级市场出售或以其他方式转让，该等股份的解除限售期与限制性股票解除限售期相同。

#### 4. 限售期

本次限制性股票激励计划的限售规定按照《公司法》《证券法》等相关法律、法规、规范性文件和《公司章程》执行，具体规定如下。

（1）激励对象为公司董事和高级管理人员的，其在任职期间每年转让的股份不得超过其所持有本公司股份总数的 25%；任期届满前离职的，在离职后半年内，不得转让其所持有的本公司股份，并在其就任时确定的任期内和任期届满后 6 个月内每年转让的股份不得超过其所持有本公司股份总数的 25%。

（2）激励对象为公司董事和高级管理人员的，将其持有的本公司股票在买入后 6 个月内卖出，或者在卖出后 6 个月内又买入，由此所得收益归本公司所有，本公司董事会将收回其所得收益。

（3）在本计划有效期内，如果《公司法》《证券法》等相关法律、法规、规范性文件和《公司章程》中对公司董事和高级管理人员持有股份转让的有关规定发生了变化，则这部分激励对象转让其所持有的公司股票应当在转让时符合修改后的《公司法》《证券法》等相关法律、法规、规范性文件和《公司章程》的规定。

### 5.2.4 限制性股票行权价格确定方法

本次限制性股票的授予价格为二级市场回购均价 33.75 元 / 股（采用四舍五入保留两位小数）的 50%，为 16.88 元 / 股。

本次限制性股票授予价格的定价参考了《上市公司股权激励管理办法》等有关规定，对定价依据的说明如下。

#### 1. 着力吸引关键人才

现阶段是公司 3.0 战略实施的第 II 阶段，该阶段最关键的目标是以云业务为核心的业务转型取得成功。在此阶段，公司需要的是云计算、人工智能、大数据方面的领军人才以及熟悉现代企业管理运作的高阶人才。当前人才市场对上述各类人才的抢夺异常激励，且大多企业选择使用股权激励作为吸引、保留人才的工具。

对激励对象而言，较低的授予折扣更加具有价值吸引力。本次授予定价遵循 A 股上市公司实践，以公司从二级市场回购股票的平均价格的 50% 进行授予，对激励对象的吸引力大，激励性强。

### 2. 考虑激励对象的出资能力

当前以云计算为代表的技术人才大多数为青年群体，支付能力有限，股权激励出资过高将会对激励对象造成一定压力。此外，高管减持比例及其他规定致使高管较难及时变现持有股票。资金压力可能导致部分激励对象放弃激励资格，影响激励效果。因此，在公司发生相同的股份支付费用的情况下，采用公司从二级市场回购股票的平均价格的 50% 进行授予，更适合公司及激励对象的现状。

综上，本期股权激励计划限制性股票授予价格按照公司从二级市场回购股票的平均价格的 50% 进行授予。

### 5.2.5　限制性股票的授予条件和行权条件

限制性股票的授予条件如下。

同时满足下列授予条件时，公司应向激励对象授予限制性股票；反之，若下列任一授予条件未达成的，则不能向激励对象授予限制性股票。

### 1. 公司未发生以下任一情形

（1）最近一个会计年度财务会计报告被注册会计师出具否定意见或者无法表示意见的审计报告。

（2）最近一个会计年度财务报告内部控制被注册会计师出具否定意见或者无法表示意见的审计报告。

（3）上市后最近 36 个月内出现过未按法律法规、公司章程、公开承诺进行利润分配的情形。

（4）法律法规规定不得实行股权激励的。

（5）中国证监会认定的其他情形。

**2. 激励对象未发生以下任一情形**

（1）最近 12 个月内被证券交易所认定为不适当人选。

（2）最近 12 个月内被中国证监会及其派出机构认定为不适当人选。

（3）最近 12 个月内因重大违法违规行为被中国证监会及其派出机构行政处罚或者采取市场禁入措施。

（4）具有《公司法》规定的不得担任公司董事、高级管理人员情形的。

（5）法律法规规定不得参与上市公司股权激励的。

（6）中国证监会认定的其他情形。

限售期内，同时满足下列条件时，激励对象获授的限制性股票方可解除限售。

**1. 公司未发生以下任一情形**

（1）最近一个会计年度财务会计报告被注册会计师出具否定意见或无法表示意见的审计报告。

（2）最近一个会计年度财务报告内部控制被注册会计师出具否定意见或无法表示意见的审计报告。

（3）上市后最近 36 个月内出现过未按法律法规、公司章程、公开承诺进行利润分配的情形。

（4）法律法规规定不得实行股权激励的。

（5）中国证监会认定的其他情形。

**2. 激励对象未发生以下任一情形**

（1）最近 12 个月内被证券交易所认定为不适当人选。

（2）最近 12 个月内被中国证监会及其派出机构认定为不适当人选。

（3）最近 12 个月内因重大违法违规行为被中国证监会及其派出机构行政处罚或者采取市场禁入措施。

（4）具有《公司法》规定的不得担任公司董事、高级管理人员情形的。

（5）法律法规规定不得参与上市公司股权激励的。

（6）中国证监会认定的其他情形。

公司发生上述第 1 条规定情形之一的，所有激励对象根据本激励计划已获授但尚未解除限售的限制性股票应当由公司按照回购价格进行回购注销；某一激励对象发生上述第 2 条规定情形之一的，该激励对象根据本激励计划已获授但尚未解除限售的限制性股票应当由公司按照回购价格进行回购注销。

### 3. 业绩考核要求

考核要求将在下一节具体介绍。

## 5.2.6 限制性股票激励方案考核办法

考核机构及职责如下。

（1）公司董事会负责制定与修订本办法，并授权公司董事会薪酬与考核委员会负责考核工作。

（2）公司董事会薪酬与考核委员会负责领导和监管考核工作。

（3）公司总裁会、董事会薪酬与考核委员会负责制定并实施具体的绩效考核制度，按照本办法将考核报告提报公司董事会审议。

绩效考核指标及标准如下。

### 1. 限制性股票解除限售的公司业绩考核目标

限制性股票各个解除限售期公司业绩考核目标如表 5-8 所示。

表 5-8　限制性股票各个解除限售期公司业绩考核目标

| 解除限售期 | 业绩考核目标 |
| --- | --- |
| 限制性股票第 1 个解除限售期 | 以 2019 年"软件业务收入"和"云服务业务收入"之和为基数，2021 年度"软件业务收入"和"云服务业务收入"之和的增长率不低于 20% |
| 限制性股票第 2 个解除限售期 | 以 2019 年"软件业务收入"和"云服务业务收入"之和为基数，2022 年度"软件业务收入"和"云服务业务收入"之和的增长率不低于 30% |

注：上述"软件业务收入"及"云服务业务收入"指标以公司年度报告数

据为计算依据。"云服务业务收入"不含金融板块云服务业务收入。

### 2. 公司业绩考核

在公司对应的解除限售期的年度业绩考核目标 100% 达成，且激励对象的个人考核结果为"合格"时，当期的限制性股票可以全部解除限售，否则当期的限制性股票按照回购价格进行回购注销。

### 3. 个人绩效考核

（1）若激励对象上一年度个人绩效考核结果为 A、B+ 或 B，则上一年度激励对象个人绩效考核结果统称为"合格"。在公司业绩考核目标达成的情况下，激励对象可解除限售当期限制性股票数量的 100%。

（2）若激励对象上一年度个人绩效考核结果为 C 或 D，则上一年度激励对象个人绩效考核结果统称为"不合格"。当期限制性股票由公司回购注销，回购的限制性股票不能再授予其他激励对象。

董事会薪酬与考核委员会根据绩效考核报告，确定激励对象的解除限售资格及解除限售数量。绩效考核结果作为限制性股票解除限售的依据。

公司董事会薪酬与考核委员会可授权公司总裁会负责具体的考核工作，保存考核结果，并在此基础上形成绩效考核意见报告公司董事会薪酬与考核委员会审议。

本次限制性股票考核指标分为 2 个层次，分别为公司业绩考核与个人绩效考核，考核指标的设立符合法律法规和公司章程的基本规定。

### 1. 公司业绩考核

本激励计划授予限制性股票的目的重点放在了保留公司主营业务相关的骨干人才上，公司选取"软件业务收入""云服务业务收入"作为公司层面业绩考核指标是公司主营业务发展战略的要求。

当前，软件业务、云服务业务收入是公司主要收入来源，其中，软件业务占公司 2020 年总收入的 47.4%；云服务业务是公司实现公司 3.0 战略的重点业务，占公司 2020 年总收入的 40.1%。

从后续看，公司是否能够转型成功将取决于云服务的发展规模，云服务业务的收入增长要求将远远高于软件业务收入的增长。未来，此两类收入将是公司核心竞争力的重要体现。

为了保障公司的整体规模持续稳定增长，公司选择"软件业务收入"和"云服务业务收入"之和作为限制性股票的考核指标。

### 2. 个人绩效考核

除公司的业绩考核外，公司对个人还设置了严密的绩效考核体系，目的是激励先进、肯定主体、淘汰落后，实现公司、部门和个人的高绩效，保持组织竞争力。

个人绩效考核以"361"为基本指导原则对考核结果实行强制分布，强制分布比例为：30% 为 A（杰出）、30% 为 B+（良好）、30% 为 B（合格）、10% 为 C 或 D（需改进和需解聘人员）。公司重点关注 30% 的绩效杰出的专业奋斗者，并持续优化绩效贡献落后的人员，在人才保持合理流动的基础上实现组织活力。

综上，公司本次激励计划的考核体系具有全面性及可操作性，考核指标设定具有良好的科学性和合理性，同时对激励对象具有约束效果，能够达到本次激励计划的考核目的。

### 5.2.7　限制性股票数量调整及行权价格

若在本激励计划公告当日至激励对象获授的限制性股票解除限售期间，公司有资本公积转增股本、派送股票红利、股票拆细、配股、缩股等事项，应对限制性股票数量进行相应的调整。调整方法如下。

### 1. 资本公积转增股本、派送股票红利、股票拆细

$$Q=Q_0 \times (1+n)$$

其中：$Q_0$ 为调整前的限制性股票数量；

$n$ 为每股的资本公积转增股本、派送股票红利、股票拆细的比率（即每股

股票经转增、送股、拆细后增加的股票数量）；

$Q$ 为调整后的限制性股票数量。

## 2. 配股

$$Q=Q_0 \times P_1 \times (1+n) \div (P_1 + P_2 \times n)$$

其中：$Q_0$ 为调整前的限制性股票数量；

$P_1$ 为股权登记日当日收盘价；

$P_2$ 为配股价格；

$n$ 为配股的比例（即配股的股数与配股前公司总股本的比例）；

$Q$ 为调整后的限制性股票数量。

## 3. 缩股

$$Q=Q_0 \times n$$

其中：$Q_0$ 为调整前的限制性股票数量；

$n$ 为缩股比例（即 1 股公司股票缩为 $n$ 股股票）；

$Q$ 为调整后的限制性股票数量。

若在本计划公告当日至激励对象完成限制性股票股份登记期间，公司有派息、资本公积转增股本、派送股票红利、股票拆细、配股或缩股等事项，应对限制性股票的授予价格进行相应的调整。调整方法如下。

## 1. 资本公积转增股本、派送股票红利、股票拆细

$$P=Q_0 \div (1+n)$$

其中：$Q_0$ 为调整前的授予价格；

$n$ 为每股的资本公积转增股本、派送股票红利、股票拆细的比率；

$P$ 为调整后的授予价格。

## 2. 配股

$$P=Q_0 \times (P_1+P_2 \times n) \div [P_1 \times (1+n)]$$

其中：$Q_0$ 为调整前的授予价格；

$P_1$ 为股权登记日当日收盘价；

$P_2$ 为配股价格；

$n$ 为配股的比例；

$P$ 为调整后的授予价格。

### 3. 缩股

$$P=P_0 \div n$$

其中：$P_0$ 为调整前的授予价格；

$n$ 为缩股比例；

$P$ 为调整后的授予价格。

### 4. 派息

$$P=P_0-V$$

其中：$P_0$ 为调整前的授予价格；

$V$ 为每股的派息额；

$P$ 为调整后的授予价格。经派息调整后，$P$ 仍须为正数。

## 5.2.8 股票授予及激励对象行使程序

限制性股票激励计划的生效程序如下。

（1）董事会及其薪酬与考核委员会负责拟订和修订本激励计划，薪酬与考核委员会已建立完善的议事规则。

（2）公司董事会应当依法对本激励计划做出决议。董事会审议本激励计划时，作为激励对象的董事或与其存在关联关系的董事应当回避表决。董事会应当在审议通过本计划并履行公示、公告程序后，将本计划提交股东大会审议；同时提请股东大会授权，负责实施限制性股票的授予、解除限售和回购注销工作。

（3）独立董事及监事会应当就本激励计划是否有利于公司持续发展，是否存在明显损害公司及全体股东利益的情形发表意见。公司将聘请独立财务顾问，对本计划的可行性、是否有利于公司的持续发展、是否损害公司利益以及对股东利益的影响发表专业意见。

（4）本激励计划经公司股东大会审议通过后方可实施。公司应当在召开股东大会前，通过公司网站或者其他途径，在公司内部公示激励对象的姓名和职务（公示期不少于 10 天）。监事会应当对股权激励名单进行审核，充分听取公示意见。公司应当在股东大会审议本计划前 5 日披露监事会对激励名单审核及公示情况的说明。

（5）公司股东大会在对本激励计划进行投票表决时，独立董事应当就本激励计划向所有的股东征集委托投票权。股东大会应当对《上市公司股权激励管理办法》第九条规定的股权激励计划内容进行表决，并经出席会议的股东所持表决权的 2/3 以上通过，单独统计并披露除公司董事、监事、高级管理人员、单独或合计持有公司 5% 以上股份的股东以外的其他股东的投票情况。公司股东大会审议股权激励计划时，作为激励对象的股东或者与激励对象存在关联关系的股东，应当回避表决。

（6）本激励计划经公司股东大会审议通过，且达到本激励计划规定的授予条件时，公司在规定时间内向激励对象授予限制性股票。经股东大会授权后，董事会负责实施限制性股票的授予、解除限售和回购工作。

限制性股票的授予程序如下。

（1）股东大会审议通过本激励计划后，公司与激励对象签署《授予协议书》，以约定双方的权利义务关系。

（2）公司在向激励对象授出权益前，董事会应当就股权激励计划设定的激励对象获授权益的条件是否成就进行审议并公告。

独立董事及监事会应当同时发表明确意见。律师事务所应当对激励对象获授权益的条件是否成就出具法律意见。

（3）公司监事会应当对限制性股票授予日及激励对象名单进行核实并发表意见。

（4）公司向激励对象授出权益与股权激励计划的安排存在差异时，独立董事、监事会（当激励对象发生变化时）、律师事务所、独立财务顾问应当同时发表明确意见。

（5）股权激励计划经股东大会审议通过后，公司应当在 60 日内授予激励对象相关权益并完成公告、登记。公司董事会应当在授予的限制性股票登记完成后及时披露相关实施情况的公告。

（6）公司授予权益前，应当向证券交易所提出申请，经证券交易所确认后，由证券登记结算机构办理登记结算事宜。

公司统一组织激励对象解除限售，并提前通知激励对象。主要程序如下。

（1）在解除限售日前，公司应确认激励对象是否满足解除限售条件。董事会应当就本计划设定的解除限售条件是否达成进行审议，独立董事及监事会应当同时发表明确意见。律师事务所应当对激励对象解除限售的条件是否成就出具法律意见。对于满足解除限售条件的激励对象，由公司统一办理解除限售事宜；对于未满足条件的激励对象，由公司回购并注销其持有的该次解除限售对应的限制性股票份额。公司应当及时披露相关实施情况的公告。

（2）激励对象可对已解除限售的限制性股票进行转让，但公司董事和高级管理人员所持股份的转让应当符合有关法律、法规和规范性文件的规定。

（3）公司解除激励对象限制性股票限售前，应当向证券交易所提出申请，经证券交易所确认后，由证券登记结算机构办理登记结算事宜。

## 5.3 中微公司股票增值权激励方案

中微半导体设备（上海）股份有限公司（以下简称"中微公司"）（A 股代码：688012）是一家以中国为基地、面向全球的微观加工高端设备公司，为集成电路和泛半导体行业提供极具竞争力的高端设备和高质量的服务。中微公司开发的等离子体刻蚀设备和化学薄膜设备是制造各种微观器件的关键设备，可加工微米级和纳米级的各种器件。

为配合中微公司 2020 年限制性股票激励计划的顺利实施，提高公司整体中长期激励计划的有效性，保障公司核心经营管理团队的稳定并促进公司长远发展，中微公司制定了 2020 年的股票增值权激励计划，主要内容如下。

### 5.3.1 股票增值权激励方案具体内容

本计划采用的激励工具为股票增值权。股票增值权计划不涉及实际股票，以中微公司 A 股普通股股票作为虚拟股票标的。

本计划拟向激励对象授予 54.68 万份股票增值权，约占本计划草案公告时公司股本总额 53486.2237 万股的 0.102%。

本计划激励对象为公司董事、高级管理人员，共计 6 人。所有激励对象均须在公司授予股票增值权时以及在本计划的考核期内与公司具有聘用或劳动关系。

本计划授予的股票增值权在各激励对象间的分配情况如表 5-9 所示。

表 5-9 本计划授予的股票增值权在各激励对象间的分配情况

| 姓名 | 国籍 | 获授股票增值权数量 / 万份 | 占授予股票增值权总数比例 /% | 占计划草案公告日股本总额比例 /% |
| --- | --- | --- | --- | --- |
| 尹 × × | 美国 | 15.08 | 27.579 | 0.028 |
| 杜 × × | 美国 | 10.99 | 20.099 | 0.021 |
| 朱 × × | 中国 | 8.88 | 16.240 | 0.017 |
| 倪 × × | 美国 | 7.00 | 12.802 | 0.013 |
| 陈 × × | 中国 | 7.00 | 12.802 | 0.013 |
| 刘 × × | 中国 | 5.73 | 10.479 | 0.011 |
| 合计 | | 54.68 | 约 100 | 0.103 |

### 5.3.2 股票增值权激励方案相关日期

本股票增值权激励方案包括有效期、授予日、等待期、行权安排、可行权日 5 个关键日期。

#### 1. 有效期

本计划有效期为股票增值权授予完成之日起至所有股票增值权行权或作废处理之日止，最长不超过 60 个月。

#### 2. 授予日

授予日在本计划经公司股东大会审议通过后由公司董事会确定。公司在股东大会审议通过后 60 日内，按相关规定召开董事会对激励对象进行授予，并完成授予公告。公司未能在 60 日内完成上述工作的，披露未完成的原因并终止实施本计划。

授予日必须为交易日，且不得为下列区间日。

（1）公司定期报告公告前 30 日内，因特殊原因推迟定期报告公告日期的，自原预约公告日前 30 日起算，至公告前 1 日。

（2）公司业绩预告、业绩快报公告前 10 日内。

（3）自可能对公司股票及其衍生品种交易价格产生较大影响的重大事件发生之日或者进入决策程序之日，至依法披露后 2 个交易日内。

（4）中国证监会及上海证券交易所规定的其他期间。

上述不得授出股票增值权的期间不计入 60 日期限之内。

### 3. 等待期

等待期指股票增值权授予完成之日至股票增值权可行权日之间的期限，本计划等待期为 12 个月。

### 4. 行权安排

本计划授予的股票增值权自本期激励计划授予完成之日起满 12 个月后，激励对象应在未来 48 个月内分 4 期行权。本次授予增值权行权期及各期行权时间安排如表 5-10 所示。

表 5-10　本次授予增值权行权期及各期行权时间安排

| 行权期 | 行权时间 | 行权比例 |
| --- | --- | --- |
| 第 1 个行权期 | 自授予完成之日起 12 个月后的首个交易日起至授予完成之日起 24 个月内的最后一个交易日当日止 | 25% |
| 第 2 个行权期 | 自授予完成之日起 24 个月后的首个交易日起至授予完成之日起 36 个月内的最后一个交易日当日止 | 25% |
| 第 3 个行权期 | 自授予完成之日起 36 个月后的首个交易日起至授予完成之日起 48 个月内的最后一个交易日当日止 | 25% |
| 第 4 个行权期 | 自授予完成之日起 48 个月后的首个交易日起至授予完成之日起 60 个月内的最后一个交易日当日止 | 25% |

本计划有效期结束后，已获授但尚未行权的股票增值权不得行权，未行权部分的股票增值权由公司作废处理。

### 5. 可行权日

本计划通过后，授予的股票增值权自授予完成之日起满 12 个月后可以开始行权。可行权日必须为交易日，但不得在下列期间内行权。

（1）公司定期报告公告前 30 日内，因特殊原因推迟定期报告公告日期的，自原预约公告日前 30 日起算，至公告前 1 日。

（2）公司业绩预告、业绩快报公告前 10 日内。

（3）自可能对本公司股票及其衍生品种交易价格产生较大影响的重大事件发生之日或者进入决策程序之日，至依法披露后 2 个交易日内。

（4）中国证监会及上海证券交易所规定的其他期间。

激励对象必须在股票增值权有效期内行权完毕，计划有效期结束后，已获授但尚未行权的股票增值权不得行权。

### 5.3.3　股票增值权行权价格确定方法

本次授予的股票增值权的行权价格为 150 元 / 股，与《中微半导体设备（上海）股份有限公司 2020 年限制性股票激励计划（草案修订稿）》中限制性股票授予价格为同一价格。

为保证本计划及 2020 年度限制性股票激励计划的公允性与公平性，本计划的定价方式与《中微半导体设备（上海）股份有限公司 2020 年限制性股票激励计划（草案修订稿）》中限制性股票授予价格保持一致。

行权价格依据本计划公告前 1 个交易日公司 A 股股票交易均价 214.04 元的 70.09% 确定，约为每股 150 元。

（1）本激励计划公告前 20 个交易日公司股票交易均价为每股 218.73 元，本次授予价格占前 20 个交易日交易均价的 68.58%。

（2）本激励计划公告前 60 个交易日公司股票交易均价为每股 178.37 元，本次授予价格占前 60 个交易日交易均价的 84.10%。

（3）本激励计划公告前 120 个交易日公司股票交易均价为每股 163.04 元，本次授予价格占前 120 个交易日交易均价的 92.00%。

在本计划下授予的股票增值权有效期内发生派息、资本公积转增股本、派发股票红利、股份拆细或缩股、配股等事宜，行权价格将根据本计划相关规定进行调整。

### 5.3.4　股票增值权的授予条件和行权条件

激励对象只有同时满足下列条件时，才能获授股票增值权；反之，若下列任一授予条件未达成，则公司不能向激励对象授予股票增值权。

#### 1．公司未发生以下任一情形

（1）最近一个会计年度财务会计报告被注册会计师出具否定意见或者无法表示意见的审计报告。

（2）最近一个会计年度财务报告内部控制被注册会计师出具否定意见或者无法表示意见的审计报告。

（3）上市后最近 36 个月内出现过未按法律法规、公司章程、公开承诺进行利润分配的情形。

（4）法律法规规定不得实行股权激励的。

（5）中国证监会认定的其他情形。

#### 2．激励对象未发生以下任一情形

（1）最近 12 个月内被证券交易所认定为不适当人选。

（2）最近 12 个月内被中国证监会及其派出机构认定为不适当人选。

（3）最近 12 个月内因重大违法违规行为被中国证监会及其派出机构行政处罚或者采取市场禁入措施。

（4）具有《公司法》规定的不得担任公司董事、高级管理人员情形的。

（5）法律法规规定不得参与上市公司股权激励的。

（6）中国证监会认定的其他情形。

激励对象获授股票增值权需同时满足以下行权条件方可分批次办理行权事宜。

### 1. 公司未发生以下任一情形

（1）最近一个会计年度财务会计报告被注册会计师出具否定意见或者无法表示意见的审计报告。

（2）最近一个会计年度财务报告内部控制被注册会计师出具否定意见或者无法表示意见的审计报告。

（3）上市后最近 36 个月内出现过未按法律法规、公司章程、公开承诺进行利润分配的情形。

（4）法律法规规定不得实行股权激励的。

（5）中国证监会认定的其他情形。

### 2. 激励对象未发生以下任一情形

（1）最近 12 个月内被证券交易所认定为不适当人选。

（2）最近 12 个月内被中国证监会及其派出机构认定为不适当人选。

（3）最近 12 个月内因重大违法违规行为被中国证监会及其派出机构行政处罚或采取市场禁入措施。

（4）具有《公司法》规定的不得担任公司董事、高级管理人员情形的。

（5）法律法规规定不得参与上市公司股权激励的。

（6）中国证监会认定的其他情形。

公司发生上述第 1 条规定情形之一的，所有激励对象根据本激励计划已获授但尚未行权的股票增值权不得行权，并作废失效；若公司发生不得实施股权激励的情形，且激励对象对此负有责任的，或激励对象发生上述第 2 条规定的不得行权的情形，该激励对象已获授但尚未行权的股票增值权不得行权，并作废失效。

激励对象获授的各批次股票增值权在行权前，激励对象须满足 12 个月以上的任职期限。

激励对象考核应当达标，具体考核要求见下节内容。

### 5.3.5 股票增值权激励方案考核方法

本激励计划考核年度为 2020—2023 年 4 个会计年度，每个会计年度考核 1 次。以 2016—2018 年度的营业收入均值为基础，根据各考核年度的营业收入累计值定比 2016—2018 年度营业收入均值的年度累计营业收入增长率，确定各年度的业绩考核目标对应的行权批次及公司层面行权比例。

假设每个考核年度的实际营业收入增长率为 $X$，各年度业绩考核目标安排如表 5-11 所示。

表 5-11　各年度业绩考核目标安排

| 行权期 | 对应考核年度 | 该考核年度使用的营业收入累计值 | 业绩考核目标 | 公司层面行权比例 |
|---|---|---|---|---|
| 第 1 个行权期 | 2020 年 | 2019 年、2020 年 2 年营业收入累计值 | $X \geqslant 255\%$ | 100% |
| | | | $200\% \leqslant X < 255\%$ | 80% |
| | | | $X < 200\%$ | 0 |
| 第 2 个行权期 | 2021 年 | 2019 年、2020 年和 2021 年 3 年营业收入累计值 | $X \geqslant 460\%$ | 100% |
| | | | $370\% \leqslant X < 460\%$ | 80% |
| | | | $X < 370\%$ | 0 |
| 第 3 个行权期 | 2022 年 | 2019 年、2020 年、2021 年和 2022 年 4 年营业收入累计值 | $X \geqslant 700\%$ | 100% |
| | | | $560\% \leqslant X < 700\%$ | 80% |
| | | | $X < 560\%$ | 0 |
| 第 4 个行权期 | 2023 年 | 2019 年、2020 年、2021 年、2022 年和 2023 年 5 年营业收入累计值 | $X \geqslant 980\%$ | 100% |
| | | | $800\% \leqslant X < 980\%$ | 80% |
| | | | $X < 800\%$ | 0 |

注：上述"营业收入"以经公司聘请的会计师事务所审计的合并报表所载数据为计算依据，公司 2016—2018 年度营业收入均值为 10.74 亿元。

激励对象的个人层面绩效考核按照公司现行目标管理（MBO）规定组织实施，并依照激励对象的考核结果确定其实际行权的股份数量。激励对象的绩效考核结果划分为 5 个档次，届时根据考核评级表中对应的个人层面行权比例确定激励对象实际行权的股份数量。

个人层面绩效考核评级表如表 5-12 所示。

**表 5-12　个人层面绩效考核评级表**

| 考核评级 | MBO ≥ 1 | 0.9 ≤ MBO<1 | 0.8 ≤ MBO<0.9 | 0.7 ≤ MBO<0.8 | MBO<0.7 |
|---|---|---|---|---|---|
| 行权比例 | 100% | 90% | 80% | 70% | 0 |

激励对象当年实际行权的股票增值权数量 = 个人当年计划行权的数量 ×

公司层面行权比例 × 个人层面行权比例

激励对象当期计划行权的股票增值权因考核原因不能行权或不能完全行权的，应作废失效，不可递延至下一年度。

本次股票增值权激励计划考核指标分为两个层面，分别为公司层面业绩考核、个人层面绩效考核。

公司层面业绩考核指标为营业收入增长率，营业收入增长率指标是衡量公司经营状况、成长性、市场占有率、预测企业未来业务拓展趋势的重要标志。

公司聚焦于集成电路、LED 芯片等微观器件领域的等离子体刻蚀设备、深硅刻蚀设备和 MOCVD 设备等关键设备的研发、生产和销售。

随着近年全球半导体行业整景气度提升，公司营业收入保持持续增长，营业收入从 2016 年的 6.10 亿元增长至 2018 年的 16.39 亿元，营业收入已经具备一定规模。

半导体设备行业受下游市场及终端消费需求波动的影响，其发展呈现一定的周期性，发展历程遵循一个螺旋式上升的过程。

2019 年以来，全球半导体行业市场规模同比出现 10% 以上幅度下滑，半导体设备细分市场领域亦出现下滑态势。

在此背景下，公司根据行业发展特点和实际情况，以 2016—2018 年度营业收入均值作为基数，设置了不低于 255%、460%、700%、980% 的考核年度累计营业收入增长率，并设置了阶梯行权考核模式，实现业绩增长水平与权益行权比例的动态调整，有利于公司在面对行业周期波动时能够稳健发展，吸引和留住优秀人才，有利于调动激励对象的工作热情和积极性，促使公司战略目标的实现。

除公司层面的业绩考核外，公司对个人还设置了严密的绩效考核体系，能够对激励对象的工作绩效做出较为准确、全面的综合评价。公司将根据激励对象前一年度绩效考评结果，确定激励对象个人是否达到可行权的条件。

综上，公司本次激励计划的考核体系具有全面性、综合性及可操作性，考核指标设定具有良好的科学性和合理性，同时对激励对象具有约束效果，能够达到本次激励计划的考核目的。

### 5.3.6 股票增值权数量调整及行权价格

若在行权前有资本公积转增股本、派送股票红利、股票拆细、配股或缩股等事项，公司应对股票增值权数量进行相应的调整。调整方法如下。

#### 1. 资本公积转增股本、派送股票红利、股份拆细

$$Q=Q_0 \times (1+n)$$

其中：$Q_0$ 为调整前的股票增值权数量；

$n$ 为每股的资本公积转增股本、派送股票红利、股份拆细的比率（即每股股票经转增、送股或拆细后增加的股票数量）；

$Q$ 为调整后的股票增值权数量。

#### 2. 配股

$$Q=Q_0 \times P_1 \times (1+n) \div (P_1+P_2 \times n)$$

其中：$Q_0$ 为调整前的股票增值权数量；

$P_1$ 为授予日当日收盘价；

$P_2$ 为配股价格；

$n$ 为配股的比例（即配股的股数与配股前公司总股本的比例）；

$Q$ 为调整后的股票增值权数量。

#### 3. 缩股

$$Q=Q_0 \times n$$

其中：$Q_0$ 为调整前的股票增值权数量；

$n$ 为缩股比例（即 1 股公司股票缩为 $n$ 股股票）；

$Q$ 为调整后的股票增值权数量。

### 4. 派息、增发

公司在发生派息或增发新股的情况下，股票增值权数量不做调整。

若在行权前有派息、资本公积转增股本、派送股票红利、股票拆细、配股或缩股等事项，公司应对行权价格进行相应的调整。调整方法如下。

### 1. 资本公积转增股本、派送股票红利、股份拆细

$$P = P_0 \div (1+n)$$

其中：$P_0$ 为调整前的行权价格；

$n$ 为每股的资本公积转增股本、派送股票红利、股份拆细的比率；

$P$ 为调整后的行权价格。

### 2. 配股

$$P = P_0 \times (P_1 + P_2 \times n) \div [P_1 \times (1+n)]$$

其中：$P_0$ 为调整前的行权价格；

$P_1$ 为授予日当日收盘价；

$P_2$ 为配股价格；

$n$ 为配股的比例；

$P$ 为调整后的行权价格。

### 3. 缩股

$$P = P_0 \div n$$

其中：$P_0$ 为调整前的行权价格；

$n$ 为缩股比例；

$P$ 为调整后的行权价格。

### 4. 派息

$$P = P_0 - V$$

其中：$P_0$ 为调整前的行权价格；

$V$ 为每股的派息额；

$P$ 为调整后的行权价格。经派息调整后，$P$ 仍须大于 1。

### 5. 增发

公司在增发新股的情况下，股票增值权的行权价格不做调整。

公司股东大会授权公司董事会，当出现前述情况时由公司董事会决定调整股票增值权数量、行权价格。律师事务所应当就上述调整是否符合《上市公司股权激励管理办法》《公司章程》和本计划的规定出具专业意见。

### 5.3.7　增值权授予及激励对象行使程序

公司董事会薪酬与考核委员会负责拟订激励计划草案，并提交董事会审议。

公司董事会应当依法对本计划做出决议。董事会审议本计划时，作为激励对象的董事或与其存在关联关系的董事应当回避表决。董事会应当在审议通过本计划并履行公示、公告程序后，将本计划提交股东大会审议；同时提请股东大会授权，负责实施股票增值权的授予、行权工作。

独立董事及监事会应当就本计划是否有利于公司持续发展，是否存在明显损害公司及全体股东利益的情形发表意见。

股票增值权授予计划经公司股东大会审议通过后方可实施，公司股东大会在对股票增值权激励计划进行投票表决时，独立董事应当就股票增值权激励计划向所有的股东征集委托投票权。公司股东大会审议激励计划时，作为激励对象的股东或者与激励对象存在关联关系的股东，应当回避表决。

股票增值权激励方案经公司股东大会审议通过，且符合本计划相关规定后，公司在规定时间内向激励对象授予股票增值权。授予日必须为交易日。

股票增值权的授予程序如下。

（1）股东大会审议通过本计划后，公司与激励对象签署《2020 年股票增值权授予协议书》，以此约定双方的权利义务关系。公司董事会根据股东大会的授权办理具体的股票增值权授予事宜。

（2）公司在向激励对象授出权益前，董事会应当就本计划设定的激励对象获授权益的条件是否成就进行审议并公告。

（3）独立董事及监事会应当同时发表明确意见。律师事务所应当对激励对象获授权益的条件是否成就出具法律意见。

（4）公司监事会应当对股票增值权授予日及激励对象名单进行核实并发表意见。

（5）公司向激励对象授出权益与本计划的安排存在差异时，独立董事、监事会（当激励对象发生变化时）、律师事务所、独立财务顾问应当同时发表明确意见。

股票增值权的行权程序如下。

董事会对激励对象的行权数量、行权资格与行权条件审查确认，并就激励计划设定的行权条件是否成就进行审议，独立董事及监事会应当同时发表明确意见。律师事务所应当对激励对象行权的条件是否成就出具法律意见。

激励对象的行权数量、行权资格与行权条件经审查确认后，对于满足行权条件的激励对象，由公司统一办理行权事宜，对于未满足条件的激励对象，由公司按照本计划的规定作废处理。每一份股票增值权的激励额度 = 兑付价格 – 行权价格。激励额度由公司统一核算，核算后的激励额度由公司以现金形式支付。

## 5.4　松宝智能虚拟股票激励方案

铜陵松宝智能装备股份有限公司（以下简称"松宝智能"）（新三板股票代码：830870）创建于 1999 年，公司主营业务为环锭纺智能落纱机及纺机配件的研发、生产与销售。松宝智能是高新技术企业，是中国纺织机械协会认定的环锭纺智能落纱机产品研发中心。公司主要产品为环锭纺智能落纱机及纺机配件，纺机配件包括吸棉笛管、导纱板、导纱钩、筒子架、气圈环等。

随着智能制造的蓬勃发展，松宝智能面临着激烈的行业竞争和人才市场竞争形势。同时，松宝智能作为一家高新技术企业，产品技术创新、新产品开发及公司的进一步发展等内在要求，使得公司对优秀的管理人才、技术研发人才、营销人才等具备越来越强烈的需求。

为进一步建立、健全公司长效激励机制，吸引和留住优秀人才，充分调动公司管理层、核心及优秀员工的积极性，有效地将股东利益、公司利益和管理层、员工个人利益结合在一起，使各方共同关注公司的长远发展，帮助公司在激烈的市场竞争中争取更大的竞争优势，2019 年 6 月，松宝智能发布虚拟股票激励计划，主要内容如下。

### 5.4.1　虚拟股票有效期与激励模式

本方案有效期为 4 年，即 2019—2022 年。在有效期内，激励对象无偿享有公司给予的一定比例的激励收益。有效期满后，本方案自动失效，虚拟股票的持有者不再享受任何激励收益。

有效期满后，公司可根据实际情况决定是否继续本激励方案。如在方案有效期内经股东大会和董事会决议通过了其他股权激励计划，经股东大会和董事会表决后可以中止本方案。

本激励方案有效期内，公司根据 2019—2022 年 4 个年度中每个年度净利润（不含对安徽耐科装备科技股份有限公司长期股权投资的收益，下同）的完成情况，按照激励收益的计算规则及虚拟股票数量，在当年实现的净利润中提取一定份额作为激励基金。

在每个考核年度，公司结合激励对象的岗位价值、业绩贡献等综合因素，确定该年度的激励对象、虚拟股票数量和激励份额。

以年度为周期，将激励基金发放给年度激励对象，使得激励对象分享公司价值成长的收益。

### 5.4.2　激励对象的确定依据和范围

激励对象只有在满足下列条件时，才能参与本激励方案。

（1）激励对象须具有完全民事行为能力。

（2）除公司董事、监事外，其他所有激励对象必须在本计划规定的考核期内在公司或其控股子公司中任职并与公司或其控股子公司签署劳动合同，或系其他企业委派到公司或其控股子公司全职工作的人员。

（3）激励对象须在本公司连续工作满一年且已转正。

（4）激励对象在公司上一年的年度绩效评价为 C 等或优于 C 等。

（5）激励对象的岗位职级符合公司制定的相关要求，具体要求由公司管理层每一年度组织制定。

（6）激励对象的工作表现和业绩符合公司倡导的奋斗者文化、奋斗者行为准则的要求，具体的奋斗者文化及行为准则要求由公司管理层每年度组织制定。

（7）激励对象不得存在违反法律法规和公司章程、公司规章制度和与公司签署的相关协议的情形。

激励对象的人员范围如下。

（1）公司董事（不包括独立董事）、监事、高级管理人员。

（2）公司核心技术人员、业务骨干、中层管理人员，以及对公司有卓越贡献而受到公司特殊表彰的员工等。

（3）公司未来发展迫切需要的人员。

有下列情形之一的，不能成为本计划的激励对象。

（1）最近 3 年及方案有效期内，被全国中小企业股份转让系统公开谴责或宣布为不适当人选的。

（2）最近 3 年及方案有效期内，因重大违法违规行为被中国证券监督管理委员会或全国中小企业股份转让系统予以行政处罚的。

（3）最近 3 年及方案有效期内，因泄露国家或公司机密、贪污、盗窃、侵占、受贿、行贿、失职、渎职等行为，违反国家法律、法规，或因违反公序良俗、职业道德和操守等行为，给公司利益、声誉和形象造成严重损害的。

（4）具有《公司法》第一百四十六条规定的不得担任董事、监事、高级管理人员情形的。

（5）公司认定的不能成为本方案激励对象的情形。

（6）相关法律、法规或规范性文件规定的其他不能成为本方案激励对象的情形。

如在本方案实施过程中，激励对象出现不符合资格要求或出现本方案任何规定不得参与激励方案情形的，公司将终止其参与本方案的权利，该激励对象当年度不得参与分享本方案的激励收益。

激励对象的审批程序如下。

（1）每个考核年度初，由公司管理层根据方案规定，制定该年度的激励对象岗位职级标准，制定该年度公司奋斗者文化、奋斗者行为准则的要求，并结合本方案中激励对象的确定依据及原则的相关要求，在可选范围内确定拟激励对象名单。

年度终了，公司管理层结合激励对象具体业绩与文化考核等相关情况，最终确定该考核年度的激励对象名单，并报经董事会批准。

（2）本方案实施后新进入公司的员工，在公司工作满一年且转正后，如果符合本方案的激励对象资格要求，公司可以调整当年的激励方案，经董事会批准后，新进员工可作为当年度的激励对象。

（3）每一个考核年度，公司管理层有权根据激励对象的岗位职级、岗位价值、上一年度业绩表现等综合情况，对激励对象进行重新审定。

### 5.4.3　虚拟股票的定义与数量确定

虚拟股票，是指公司无偿授予激励对象的一种"虚拟"的股票，被授予虚拟股票后，激励对象不需要出资就可以享受公司业绩增长带来的收益。

激励对象没有虚拟股票的表决权、转让权和继承权，激励对象也不可凭借享有的虚拟股票而拥有对公司财产的所有权和处置权。激励对象通过持有虚拟股票可以享有拟制分红权（即获得与虚拟股票收益金额相等的激励基金），它实质上是一种享有企业拟制分红权的依据，除此之外，激励对象不再享有其他权利。

虚拟股票激励对象获得的收益来源于公司股东对相应股票收益的让渡，相关收益需要公司支付。虚拟股票的授予不影响公司的总股本和股本结构。

每一位激励对象享有的虚拟股票授予数量按照以下程序确定。

（1）每个年度初始，公司参照激励对象所处的职位、岗位评估等级和岗位价值，确定激励对象的虚拟股票分配系数和虚拟股票基准股数。（说明：分配系数，即根据每一个激励岗位的岗位价值评估结果，确定的每一个激励岗位拟授予的虚拟股票的点值单位。基准股数，即在计算每一位激励对象被授予的虚拟股票总数时，每一单位分配系数对应的虚拟股票数量。）

（2）每个考核年度结束后，公司根据年终激励对象年度绩效考核结果，确定当年最终授予该激励对象的虚拟股票数量。

（3）每个考核年度结束后，公司经测算确定该年度最终授予每一位激励对象的虚拟股票数量后，报董事会审议批准。

（4）计算公式如下。

$$虚拟股票的初始授予数量 = 基准股数 \times 分配系数$$
$$虚拟股票的最终授予数量 = 虚拟股票的初始授予数量 \times$$
$$公司层面考核系数 \times 个人层面绩效考核系数$$

（5）本方案实施后，公司未来因权益分派、股票发行或其他因素导致总股本变动的，则上述基准股数按照总股本变动比例同步调整，相应基准股数按照变动时间进行加权平均计算确定。

（6）本方案每一年度虚拟股票的初始授予数量总额不超过 500 万股。每个年度结束后将根据公司业绩、个人业绩及本方案相关规定进行具体核算。

### 5.4.4　行权的业绩目标与绩效考核

本方案的绩效考核涉及两部分：一部分是公司层面业绩目标达成情况，另一部分是个人层面的业绩考核。

#### 1. 公司层面业绩目标

本激励方案有效期内，公司董事会将依照公司业绩目标达成情况、激励对象个人业绩考核结果，综合确定激励对象能否兑现激励基金分配及分配比例。

公司 2019—2022 年考核期与公司业绩目标相结合，具体如表 5-13 所示。

表 5-13　考核期与公司业绩目标

| 考核期 | 公司业绩目标 |
|---|---|
| 2019 年度 | 年度净利润不低于 720 万元；<br>年度营业收入以 1 亿元为基数，根据不同的增长率对应不同的公司层面考核系数 |
| 2020 年度 | 年度净利润不低于 1200 万元；<br>年度营业收入以 1.15 亿元为基数，根据不同的增长率对应不同的公司层面考核系数 |
| 2021 年度 | 年度净利润不低于当年度营业收入的 10%；<br>年度营业收入以 2020 年的营业收入为基数，根据不同的增长率对应不同的公司层面考核系数 |
| 2022 年度 | 年度净利润不低于当年度营业收入的 10%；<br>年度营业收入以 2021 年的营业收入为基数，根据不同的增长率对应不同的公司层面考核系数 |

上述公司业绩目标中，如该年度净利润目标未达成，则无论该年度营业收入达成情况如何，该年度公司层面考核系数一律为 0。

在该年度净利润目标达成的前提下，根据该年度营业收入达成情况，按以下约定确定该年度公司层面考核系数。

（1）每一考核年度，年度营业收入在年度基数上实现增长率小于 10%，则公司层面考核系数为 0。

（2）每一考核年度，年度营业收入在年度基数上实现增长率大于或等于 10%，但低于 20%，则公司层面考核系数为 0.5。

（3）每一考核年度，年度营业收入在年度基数上实现增长率大于或等于 20%，但低于 30%，则公司层面考核系数为 0.7。

（4）每一考核年度，年度营业收入在年度基数上实现增长率大于或等于 30%，但低于 40%，则公司层面考核系数为 1.0。

（5）每一考核年度，年度营业收入在年度基数上实现增长率大于或等于 40%，但低于 50%，则公司层面考核系数为 1.2。

（6）每一考核年度，年度营业收入在年度基数上实现增长率大于或等于 50%，则公司层面考核系数为 1.4。

在计算确定上述作为业绩目标的净利润时，涉及本方案所产生的应计入考核年度的成本费用不予扣除。

### 2. 个人层面业绩考核

个人层面的考核与个人 2019—2022 年的公司每年业绩考核相结合。个人能否分配取得激励基金及分配数量，最终依据个人绩效考核结果等级确定。年度考核结果等级与个人层面绩效考核系数的对应关系如表 5-14 所示。

表 5-14　年度考核结果等级与个人层面绩效考核系数的对应关系

| 年度考核结果等级 | A | B | C | D 及以下 |
| --- | --- | --- | --- | --- |
| 个人层面绩效考核系数 | 1.2 | 1.1 | 1.0 | 0 |

### 3. 考核周期

本方案以一个完整的会计年度为一个业绩目标和绩效考核周期。

### 4. 业绩目标考核

每个考核年度期满且审计报告出具后 30 天内，由董事会组织财务部门考核是否实现公司业绩目标。根据公司业绩目标达成情况，开始实施当年度的虚拟股票激励，向激励对象授予虚拟股票激励基金。

### 5. 业绩目标调整

当出现如下情况时，由董事会审议决定，可对公司业绩目标做出相应调整，以剔除下述因素对利润的影响。

（1）会计政策及会计处理办法发生重大变更。

（2）国家税收政策直接导致公司的税收发生重大变化。

（3）国家经济环境、经济政策、行业政策等的重大变化直接对公司产品的市场和价格产生重大影响。

（4）战争、自然灾害等不可抗拒因素影响公司正常经营。

（5）发生管理人员职责范围外的其他不可控风险。

### 5.4.5 激励基金提取、分配和发放

根据公司层面业绩目标的约定，按照每个考核年度公司业绩目标的达成情况，按照公司该年度净利润和虚拟股权占比核算和提取虚拟股票激励基金。

$$当年激励基金总额 = 考核年度净利润 × 加权虚拟股权总数 ÷$$
$$加权实际总股本$$

其中，加权虚拟股权总数根据每位激励对象的虚拟股票的最终授予数量进行加权汇总。

每个考核年度结束后，该考核年度的激励基金总额参考当年度的财务数据和激励对象考核评定情况进行预提。

在预提激励基金总额时，因本方案而产生的成本费用不从净利润中提前扣除。该考核年度的财务报表经审计后，根据经审计的净利润，最终确定该考核年度激励基金实际应发放金额。

激励收益的核算与分发规则如下。

（1）虚拟股票每股收益。

$$虚拟股票每股收益 = 考核年度净利润 × 加权虚拟股权总数 ÷$$
$$加权实际总股本 ÷ 实际参与分配的最终授予虚拟股票总数$$

（2）激励对象个人收益。

$$个人实际可分配虚拟股票收益 = 虚拟股票每股收益 ×$$
$$个人最终授予虚拟股股票总数$$

（3）个人应缴纳的相关税费由个人承担，公司代扣代缴。

（4）收益发放。

每个考核年度的虚拟股票收益在次年 6 月底前发放，虚拟股票收益以公司公告为准。

### 5.4.6 公司及激励对象变动处理

公司出现下列情形之一时，本激励方案即行终止。

（1）公司出现合并、分立、注销等情形。

（2）最近一年内因重大违法违规行为被中国证监会予以行政处罚。

（3）国家法律法规等规范性文件规定、国家相关行政机关认定的其他情形（含 IPO 申报等需要对股权架构确权的行为）。

（4）股东大会做出决议终止本方案。

本激励方案终止情形发生后，董事会将负责制定相关的承接方案，并全力维护激励对象的合法利益不受损失。

从激励对象离职或被解雇之日起所授予虚拟股票自动丧失，公司无偿收回该激励对象所享有的虚拟股票，且该激励对象不再享有当年及以后年度的任何虚拟股票激励收益。

本激励方案有效期内，激励对象有下列情形之一的，公司有权无偿收回激励对象所享有的虚拟股票，且激励对象不再享有当年及以后年度的任何虚拟股票激励收益。

（1）严重违反公司规章制度或贪污、腐败、渎职、涉嫌犯罪等。

（2）因故意或重大过失给公司造成重大损失。

（3）激励对象离职或被公司解雇。

（4）激励对象出现本激励方案中约定不能成为激励对象的情形。

（5）违反本激励方案规定的情形。

当激励对象发生职务变动的，按如下方式处理。

（1）本激励方案有效期内，因工作正常调动致使激励对象职务发生变动，如变动后仍属于激励对象范围的，则按照职务任职时间等因素分别计算应分配的激励收益。

（2）公司基于业务发展或人才培养的需要而要求激励对象进行轮岗的，如该激励对象在轮岗调整后，其新任岗位的岗位职级下降或不再符合激励对象的岗位职级要求，则按照以下方式处理。

① 该激励对象在轮岗调整当年和下一年度，其岗位职级均按照轮岗调整前的岗位职级进行认定。

② 该激励对象在轮岗调整当年和下一年度结束后，其岗位职级不再按照轮岗调整前的岗位职级进行认定，而是按照新任岗位的岗位职级进行认定。

③ 激励对象发生轮岗后，其岗位职级参照本规定执行，但其参与激励方案的其他相关考核要求、公司文化要求等均按照公司相关规定执行。

（3）除上述公司基于业务发展或人才培养的需要而要求激励对象进行轮岗的情形之外，如激励对象职务变动后不再属于激励对象范围的，则按照实际任职时间等因素计算应分配的激励收益。自职务变动之日起，公司有权无偿收回该激励对象所享有的虚拟股票，且该激励对象不再享有职务变动后及后续年度的任何虚拟股票激励收益。

（4）本激励方案有效期内，如激励对象退休，患重大疾病或因工伤导致丧失劳动能力、身亡（包括宣告死亡），则按照其当年的任职时间等因素计算应分配的激励收益，且后续年度不再享有继续参与虚拟股票激励收益分配的资格。

# Chapter 6

第 6 章
股权激励方案文件模板

## 6.1 股票期权协议书范本

××公司

股票期权协议书

甲方：（员工姓名）

身份证号码：

地址：

电话：

乙方：××公司

法定代表人：

统一社会信用代码：

地址：

根据公司＿＿＿＿＿＿＿＿文件的有关规定，本着自愿、公平、平等互利、诚实守信的原则，甲乙双方就股票期权的赠予、持有、行权等有关事项达成如下协议。

1.乙方承诺从＿＿＿＿年开始在＿＿＿年内向甲方赠予一定数量的股票期权，具体赠予数量由公司的薪酬与考核委员会决定。甲方可在指定的行权日以行权价格购买公司的普通股。

2.股票期权有效期为＿＿＿年，从赠予日起满＿＿＿年时股票期权将失效。

3.股票期权不能转让，不能用于抵押以及偿还债务。除非甲方丧失行为能力或死亡，才可由其指定的财产继承人或法定继承人代其持有并行使相应的权利。

4.甲方有权在赠予日满＿＿＿年开始行权，每＿＿＿年可行权一次。

5. 甲方在前____个行权日中的每个行权日拥有赠予数量____的行权权利，若某一行权日未行权，必须在其后的第一个行权日行权，但最后一个行权日必须将所有可行权部分行权完毕；否则，股票期权自动失效。

6. 甲方若欲在某个行权日对其可行权部分实施全部或部分行权，则必须在该行权日前一个交易日缴足现款。

7. 甲方在行权后成为公司的注册股东，依法享有股东权利。

8. 当乙方被兼并、收购时，除非新的股东大会同意承担，否则尚未赠予甲方的部分停止赠予，已赠予但未行权的部分必须立即行权。

9. 当乙方出现送红股、转增股、配股、增发新股或被兼并等影响原有流通股东持有数量的行为时，需要对甲方持有的股票期权数量和行权价格进行调整，调整办法参照公司文件_____的相关规定。

10. 当甲方因辞职、解雇、退休、丧失行为能力、死亡等情况终止服务时，按照公司文件_____的相关规定处理。

11. 乙方在赠予甲方股票期权时必须以《赠予通知书》的书面形式进行确认，甲方须在一个交易日以内在通知书上签字，否则视为不接受。

12. 甲方行权缴款后必须在行权日前以《行权通知书》的形式通知乙方，同时必须附有付款凭证。

13. 甲方向乙方保证理解并遵守公司文件_____的所有条款，其解释权在乙方。

14. 乙方将向甲方提供公司一份，在该计划的有效期内，若计划的条款有所变动，乙方应向甲方提供该等变动的全部详情。

15. 本协议书所指的股票期权是给予甲方的一种权利，甲方可以在规定时期内按照文件_____约定的价格购买乙方的流通 A 股。

16. 本协议书所指的行权是指甲方以约定的价格购买乙方流通 A 股的行为。

17. 本协议书所指的行权价格是指甲方购买乙方流通 A 股的价格，等于赠予日前____个交易日的平均收市价。

18. 本协议书所指的赠予日是指乙方赠予甲方股票期权的日期。

19. 本协议书所指的行权日是指持有股票期权的甲方可以按照约定价格购买

乙方流通的 A 股的日期。

20. 本协议书一式两份，甲乙双方各持一份。

21. 本协议书未尽之事宜应由甲乙双方协商解决，并以双方同意的书面形式确定下来。

22. 本协议书自双方签字或盖章完成之日起生效。

甲方：_____       乙方：_____

签约时间：_____ 年 ___ 月 ___ 日  签约时间：_____ 年 ___ 月 ___ 日

## 6.2 限制性股票协议书范本

×× 公司

限制性股票协议书

甲方：×× 公司

法定代表人：

统一社会信用代码：

乙方：（员工姓名）

身份证号码：

地址：

电话：

根据 _____ 等文件（相关法律法规和限制性股票激励计划全部相关文件，以下统称"文件"）的有关规定，按照甲方股东大会和董事会的有关决议，就甲方授予乙方限制性股票相关事宜，双方本着利益共享、友好协商的原则，订立本协议，并共同遵守执行。

**一、限制性股票概念界定**

1. 限制性股票是指满足 _____ 文件规定的授予条件下，经过资格确认程序后，乙方以 _____ 文件规定的价格购入甲方增发的股票。该股票在授予乙方后，按 _____ 文件的具体规定实施锁定和解锁。

2. 乙方授予资格的确认程序由甲方董事会薪酬与考核委员会按照股东大会的决议和 _____ 文件的规定执行，乙方不得以任何形式干扰和影响确认程序执行过程的公平性和公正性。

3. 限制性股票的授予程序由甲方薪酬与考核委员会组织实施，公司法人代表或其授权代表与乙方签订本协议。

**二、资金缴纳**

1. 乙方现任 _____ 公司 _____ 部门 _____ 岗位，具备获授限制性股票的资格，获授限制性股票的额度为 _____ 股。

2. 甲方授予乙方限制性股票的价格为 _____ 元 / 股（人民币）。

3. 乙方需在 _____ 年 ____ 月 ____ 日前，将自筹资金 _____ 元缴纳至公司指定账户，账户具体信息如下。

账号：_____

名称：_____

开户行：_____

4. 乙方在签署本协议书后，在付款期限前未将资金汇入公司指定账户的，视为放弃本次授予；若汇入资金少于应缴资金金额，则按实际缴纳资金额获授限制性股票，未缴资金部分股份视为放弃。

**三、限制性股票解锁安排**

1. 乙方获授限制性股票后即行锁定。乙方在 _____ 文件规定的锁定期内不得转让限制性股票，不得用于偿还债务。乙方因获授尚未解锁的限制性股票而取得的资本公积转增股本、派发股票红利、股票拆细等股份和红利同时按 _____ 文件规定进行锁定。

2. 激励方案的有效期为限制性股票授予之日起至乙方获授限制性股票全部

解锁或回购注销之日止，最长不超过＿＿＿年。

3. 限制性股票的锁定期为＿＿＿个月，期满后的第 1 个交易日，乙方持有限制性股票的解锁规则为＿＿＿＿＿＿＿＿。

4. 限制性股票的解锁条件满足，甲方发布解锁限制性股票对应数量的公告后，乙方应在＿＿＿日内，向甲方缴纳解锁期内因解锁限制性股票而产生的税金，甲方向税务部门代为缴纳该税款。

5. 若乙方在公告后＿＿＿日内未缴纳或未足额缴纳税款，甲方有权从乙方的工资、奖金等报酬中扣除。扣除后仍达不到乙方需缴纳税款的额度时，甲方有权通过诉讼的方式敦促乙方足额缴纳税款。

### 四、考核安排

1. 公司考核目标。根据＿＿＿＿＿＿文件规定，乙方申请解锁限制性股票的公司考核业绩条件为＿＿＿＿＿＿。

2. 个人绩效考核。根据＿＿＿＿＿＿文件规定，乙方申请解锁限制性股票的个人绩效考核条件为＿＿＿＿＿＿。

3. 绩效考核过程由甲方根据＿＿＿＿＿＿文件执行。若乙方对绩效考核结果存在异议，可根据＿＿＿＿＿＿文件的规定申诉。乙方同意接受甲方提供的绩效考核评价结果或申诉结果，不论绩效考核评价过程中是否存在主观因素。

4. 限制性股票未解锁部分，甲方有权按照授予价格回购，回购时间由甲方统一安排。

5. 乙方若对限制性股票解锁过程产生疑问，应先向甲方董事会办公室、人力资源部或财务部咨询。

### 五、权利义务

1. 限制性股票解锁后，乙方依法享有普通股股东的全部权利，并应履行相应义务。解锁后的限制性股票及股票产生的红利均可用于股票二级市场交易。

2. 若乙方为甲方董事或高级管理人员，出售和转让限制性股票时须遵循相关法律法规的规定。

### 六、异动调整

1. 甲方出现下列情况时，本协议即时终止，乙方已获授但尚未解锁的限制性股票不得解锁，由公司以授予价格回购后注销。

（1）最近一个会计年度的会计报告被注册会计师出具否定意见或无法表示意见的审计报告。

（2）最近一年内因重大违法违规行为被中国证监会予以行政处罚。

（3）中国证监会或其他国家机关要求停止、改正或类似情形。

　甲方出现下列情况时，本协议不变，限制性股票激励方案继续进行。

（1）公司控制权发生变更。

（2）公司出现合并、分立等情况。

　2.乙方情况发生变化时，甲乙双方同意按以下约定履行。

（1）乙方发生职务变更，但仍在公司内或公司下属的分公司、子公司内任职的，获授的限制性股票完全按照本协议和 _____ 文件的规定执行。

若乙方因不能胜任岗位、考核不合格、触犯法律、违反职业道德、泄露公司机密、失职、渎职、损害公司利益、破坏公司名誉或违反规章制度等导致职务变更或与公司结束劳动关系的，本协议终止，乙方所有未解锁的限制性股票不得解锁，由甲方回购注销。

（2）乙方主动离职或劳动合同到期后不再续签的，本协议终止，乙方所有未解锁的限制性股票不得解锁，由甲方回购注销。

（3）乙方退休的，本协议在退休前继续有效。退休后，尚未解锁的限制性股票不得解锁，由甲方回购注销。

（4）乙方因丧失劳动能力离职的，分两种情况。

①　乙方系发生工伤丧失劳动能力的，本协议继续进行，且甲方可以视情况决定乙方不再受个人绩效考核的解锁条件。

②　乙方非因工伤丧失劳动能力的，尚未解锁的限制性股票不得解锁，由甲方回购注销。

（5）乙方身故的，分两种情况。

①　乙方发生工伤身故的，乙方获授的限制性股票由其指定的财产继承人或法定继承人代为持有，本协议继续进行，且甲方可以视情况决定乙方不再受个人绩效考核的解锁条件。

② 乙方非因公身故的，尚未解锁的限制性股票不得解锁，由甲方回购注销。

3. 除另有约定外，本协议中的回购均指按授予价格回购，回购时间由甲方决定。回购前产生的分红属于乙方。

4. 其他未说明的情况出现时，由甲方董事会薪酬与考核委员会决定处理方式。

### 七、双方承诺

1. 甲方承诺：

（1）除非乙方发生 _____ 文件规定情形或本协议规定的情形，否则不得不授予或少授予乙方应获得的限制性股票额度，不得中止或终止本协议；

（2）向乙方提供 _____ 文件和本协议的实施情况、考核依据、考核结果等乙方应知悉的信息，公平、公正地评判乙方的工作成果，向乙方提供必要的解释和帮助。

2. 乙方承诺：

（1）本协议中提供的资料真实有效，并愿对其承担全部法律责任；

（2）充分了解 _____ 文件和本协议的相关规定；

（3）遵守甲方规章制度，切实履行劳动合同，履行岗位职责；

（4）遵守国家相关法律法规对限制性股票的要求，依法解锁限制性股票；

（5）依法承担因限制性股票产生的纳税义务；

（6）积极配合甲方办理限制性股票的登记、解锁等相关手续，若因个人原因（如未在规定时限内提供有关资料、身份证号码、证券账户号码、证券营业部席位代号等或提供的信息有误）导致乙方限制性股票未能有效登记或解锁的，乙方愿意承担相应经济损失及有关责任。

### 八、免责条款

本协议在执行过程中，若因国家法律法规发生变化，或乙方出现违反 _____ 文件规定或违反本协议约定的情况，导致甲方无法履行本协议的，甲方不承担责任。

甲乙双方签署本协议不构成甲方对乙方聘用期限和聘用关系的任何承诺，甲方对乙方的聘用关系仍然按甲乙双方签署的劳动合同及其附件中的有关约定执行。

**九、争议处理**

甲乙双方发生争议时，以本协议约定的方式解决；未涉及的，以＿＿＿＿＿文件规定的方式解决；均未涉及的，按国家法律的规定解决。

甲方双方对本协议执行过程中发生的争议应协商解决，协商不成的，应提交甲方所在地有管辖权的人民法院诉讼解决。

本协议一式两份，双方各持一份，自双方签字盖章之日起生效。

甲方：＿＿＿＿＿＿＿　　　　　乙方：＿＿＿＿＿＿＿

签约时间：＿＿＿年＿＿月＿＿日　签约时间：＿＿＿年＿＿月＿＿日

## 6.3　股票增值权协议书范本

×× 公司

**股票增值权协议书**

甲方：×× 公司

法定代表人：

统一社会信用代码：

乙方：（员工姓名）

身份证号码：

地址：

电话：

根据＿＿＿＿＿＿＿＿＿＿＿＿＿＿＿＿等文件（相关法律法规和股票增值权激励计划全部相关文件，以下简称"文件"）的有关规定，按照甲方股东大会和董事会的有关决议，甲乙双方就股票增值权的授予、行权、作废处理等相关事项订立如下协议。

**一、数量来源**

甲方拟授予乙方＿＿＿＿＿＿＿份股票增值权。

股票增值权以甲方股票为虚拟标的，不涉及甲方实际股票。

**二、行权价格**

股票增值权的行权价格不低于股票的票面价格，且不低于以下价格较高者。

（1）股票增值权激励草案摘要公布前 1 个交易日的公司股票收盘价。

（2）股票增值权激励草案摘要公布前 30 个交易日内的公司股票收盘价。

经甲方董事会决议，确定为＿＿＿＿元／股。

**三、授予行权**

乙方只有在下列条件同时满足时，才能获得股票增值权并实施行权。

1. 甲方未发生下列任一情形。

（1）最近一个会计年度财务会计报告被注册会计师出具否定意见或无法表示意见的审计报告。

（2）上市后 36 个月内未按法律法规、公司章程、公开承诺分配利润。

（3）中国证监会认定或法律法规规定不得实施本协议的。

2. 乙方未发生下列任一情形。

（1）最近 12 个月内被中国证监会或证券交易所定认定为不适当人选。

（2）最近 12 个月因重大违规行为被中国证监会及其派出机构予以行政处罚或采取市场禁入措施。

（3）法律法规规定不得参与本协议的。

3. 公司业绩达到＿＿＿＿水平。

4. 个人绩效达到＿＿＿＿水平。

5. 其他授予条件。

**四、权利义务**

1. 甲方的权利义务。

（1）甲方具有本协议和股票增值权实施方案等相关文件的解释和执行权，

按约定对乙方实施绩效考核。

（2）若乙方未达到授予行权条件，甲方有权作废乙方尚未行权的股票增值权。

（3）乙方达到授予行权条件后，甲方应按照约定兑现。

（4）甲方按照国家法律规定代扣代缴乙方应缴纳的个人所得税。

2. 乙方的权利义务。

（1）乙方应恪守职业道德，履行好岗位职责。

（2）乙方达到授予行权条件后，有权按照本协议约定行权。

（3）乙方应依法承担收益带来的相关税费。

**五、异动调整**

1. 甲方出现下列情况时，本协议即时终止。

（1）最近一个会计年度的会计报告被注册会计师出具否定意见或无法表示意见的审计报告。

（2）最近一年内因重大违法违规行为被中国证监会予以行政处罚。

（3）中国证监会或其他国家机关要求停止、改正或类似情形。

甲方出现下列情况时，本协议不变。

（1）公司控制权发生变更。

（2）公司出现合并、分立等情况。

2. 乙方发生下列情况时，甲方终止授予乙方新的权益、取消尚未行权的股票增值权的行权资格，并追回乙方已经获得的股票增值权收益。

（1）未有效履行职责或出现严重失职、渎职的。

（2）严重违反国家法律法规和公司规章制度的。

（3）收受贿赂、贪污腐败、泄露公司机密、实施关联交易、损害公司利益、破坏公司声誉等重大违法违纪行为的。

乙方出现离职、退休、丧失民事行为能力或死亡等情况，与甲方解除劳动关系时，未获准的股票增值权即时失效；已获准的股票增值权在＿＿＿个月之内可以行权，超过时限未行权的，则即时失效。

其他未说明的情况由甲方董事会决定处理方式，乙方认可并遵从董事会决议。

**六、免责条款**

本协议执行过程中，若因国家法律法规发生变化，或乙方出现违反
_____文件规定或违反本协议约定的情况，导致甲方无法履行本协
议的，甲方不承担责任。

甲乙双方签署本协议不构成甲方对乙方聘用期限和聘用关系的任何承诺，
甲方对乙方的聘用关系仍然按甲乙双方签署的劳动合同及其附件中的有关约
定执行。

**七、争议处理**

甲乙双方发生争议时，以本协议约定的方式解决；未涉及的，以_____文
件规定的方式解决；均未涉及的，按国家法律的规定解决。

甲方双方对本协议执行过程中发生的争议应协商解决，协商不成的，应提
交甲方所在地有管辖权的人民法院诉讼解决。

本协议一式两份，双方各持一份，自双方签字盖章之日起生效。


甲方：_____          乙方：_____


签约时间：_____年____月____日  签约时间：_____年____月____日


## 💰 6.4  虚拟股权协议书范本


×× 公司

**虚拟股权协议书**

甲方：×× 公司

法定代表人：

统一社会信用代码：

乙方：（员工姓名）

身份证号码：

地址：

电话：

乙方系甲方员工，鉴于乙方对甲方做出的贡献，为了甲乙双方更好地创造效益，也为了激励乙方，经友好协商，双方同意甲方以虚拟股权的方式对乙方进行奖励。为明确双方权利义务，特订立本协议。

1. 概念定义

除非本协议中另有所指，下列用语含义如下。

（1）股权：指甲方在相关部门登记的注册资本金，一定比例的股权对应相应金额的注册资本金。

（2）虚拟股权：指甲方给内部员工提供的名义股权。员工拥有虚拟股权并不能成为甲方注册登记的实际股东，仅享有参与公司年终净利润分配的权利。虚拟股权不论对内对外，都不得转让和继承。

（3）分红：指甲方按照《公司法》及公司章程规定可分配的税后净利润总额，各股东按持股比例分配所得的红利。

2. 协议标的

（1）根据乙方工作表现，经甲方全体股东一致同意，决定授予乙方＿＿＿＿虚拟股权。

（2）乙方取得的虚拟股权不变更甲方公司章程，不做工商变更登记，不记载在甲方公司股东名册。乙方对外不得以拥有此虚拟股权作为拥有甲方资产的依据。

（3）乙方可得分红 = 乙方虚拟股权比例 × 可分配净利润总额。

3. 协议履行

（1）甲方在每年＿＿＿月前进行上年度会计结算，得出上年度税后可分配的净利润总额，并通知乙方。

（2）乙方在每年度＿＿＿月享受分红，甲方在确定乙方应得分红后的＿＿＿个工作日内将分红以人民币形式一次性支付给乙方。

（3）乙方须承担分红产生的相关税款，由甲方代扣代缴。

4. 协议期限

（1）本协议期限与乙方在职时长直接相关，只要乙方在职，本协议就持续有效。不论乙方因何种原因离职，本协议都自动终止，甲方收回授予乙方的所有虚拟股权。

（2）本协议与甲乙双方的劳动合同相互独立。乙方享受甲方分红的同时，也享受与甲方的劳动关系带来的收益。

5. 权利义务

（1）甲方有权对乙方工作质量提出要求，有权监督乙方履行职责。

（2）甲方应如实计算年度税后净利润，以_____为依据计算可支配净利润，及时、足额支付乙方分红。

（3）乙方有知情权，可以了解甲方可支配净利润的计算过程和所有相关数据。

（4）乙方有对甲方忠实和对工作勤勉的义务，遵守甲方的各项规章制度，不得以任何形式损害甲方利益，不得损坏甲方名誉。

（5）乙方有为甲方的商业秘密保密的义务，本协议内容也属于商业秘密，乙方不得向任何第三方泄露甲方的商业秘密和与本协议相关的内容。

6. 变更终止

（1）甲乙双方协商一致后，可以以书面形式变更、终止或解除本协议内容。

（2）乙方违反本协议约定的，甲方有权以书面形式解除本协议。

（3）乙方有权随时以书面形式通知甲方解除本协议。

（4）甲方公司解散、注销或乙方离职、死亡的，本协议自动终止。

7. 违约责任

（1）甲方违反本协议约定，虚假计算、延迟支付或拒绝支付乙方应得分红的，按照乙方应得分红的____倍向乙方承担违约责任。

（2）乙方违反本协议约定的，甲方有权视情况减少或不支付乙方分红，并有权解除本协议。乙方对甲方造成损失的，应承担赔偿责任。

8.争议处理

甲乙双方发生争议时，以本协议约定的方式解决；未涉及的，以＿＿＿＿＿文件规定的方式解决；均未涉及的，按国家法律的规定解决。

甲方双方对本协议执行过程中发生的争议应协商解决，协商不成的，应提交甲方所在地有管辖权的人民法院诉讼解决。

本协议一式两份，双方各持一份，自双方签字盖章之日起生效。

甲方：＿＿＿＿＿＿＿＿　　　　　乙方：＿＿＿＿＿＿＿＿

签约时间：＿＿＿＿年＿＿＿月＿＿＿日　签约时间：＿＿＿＿年＿＿＿月＿＿＿日


## 6.5　股票期权赠予通知书范本

### ×× 公司
### ×× 年股票期权计划

股票期权赠予通知

姓名：＿＿＿＿＿＿＿＿＿＿＿＿＿＿＿＿＿＿＿＿＿＿

身份证号码：＿＿＿＿＿＿＿＿＿＿＿＿＿＿＿＿＿＿＿

根据 ×× 公司（以下简称"公司"）×× 年股票期权计划（以下简称"计划"）的条款和条件，你被授予公司普通股股票期权（以下简称"期权"），具体如下。

授予日：＿＿＿＿＿＿＿＿＿＿＿＿＿

可行权起始日：＿＿＿＿＿＿＿＿＿＿

每股行权价格：＿＿＿＿＿＿＿＿＿＿

授予期权股份：＿＿＿＿＿＿＿＿＿＿

行权总价：＿＿＿＿＿＿＿＿＿＿＿

期权类型：＿＿＿＿＿＿＿＿＿＿

期限：从授予日起＿＿＿＿＿年

行权规则如下：＿＿＿＿＿＿＿＿

行权条件如下：＿＿＿＿＿＿＿＿

享受权利如下：＿＿＿＿＿＿＿＿

遵从义务如下：＿＿＿＿＿＿＿＿

禁止条款如下：＿＿＿＿＿＿＿＿

遵守法律如下：＿＿＿＿＿＿＿＿

附件：

签名（按手印）：＿＿＿＿＿＿＿＿

＿＿＿＿年＿＿月＿＿日

## 6.6　股票期权行权申请书范本

＿＿＿＿＿＿＿＿公司：

本人＿＿＿＿＿，身份证号码＿＿＿＿＿＿＿＿＿，当前所在部门＿＿＿＿＿，职务＿＿＿＿＿，当前持有公司＿＿类股票＿＿股。

根据＿＿＿＿＿＿＿＿文件的规定，本人现有的＿＿类股票＿＿股已符合行权条件。本人向公司申请于＿＿＿＿年＿＿月＿＿日行权。

申请人（签字按手印）：＿＿＿＿＿＿＿＿

＿＿＿＿年＿＿月＿＿日